Zeugen des Jahrhunderts

Jean Améry
Der Grenzgänger

In der Reihe »Zeugen des Jahrhunderts«
sind bereits erschienen:

Rudolf Augstein: Macht und Gegenmacht
Karlfried Graf Dürckheim: Der Weg ist das Ziel
Marta Feuchtwanger: Leben mit Lion
Hans Jonas: Erkenntnis und Verantwortung
Heinrich Maria Ledig-Rowohlt: Prince Henry
Friedrich Luft: Die Stimme der Kritik
Freya von Moltke: Die Kreisauerin
Gottfried Reinhardt: Hollywood, Hollywood
Hilde Spiel: Die Grande Dame

Jean Améry

Der Grenzgänger

Gespräch mit Ingo Hermann
in der Reihe
»Zeugen des Jahrhunderts«

herausgegeben von Ingo Hermann
Redaktion: Jürgen Voigt

Lamuv

Die Deutsche Bibliothek – CIP-Einheitsaufnahme

Améry, Jean:
Jean Améry, der Grenzgänger : Gespräch mit
Ingo Hermann in der Reihe »Zeugen des Jahrhunderts« /
hrsg. von Ingo Hermann. – Göttingen : Lamuv, 1992
(Zeugen des Jahrhunderts)
ISBN 3-88977-300-1
NE: Hermann, Ingo:

1. Auflage, Dezember 1992

Umschlaggestaltung: Gerhard Steidl unter Verwendung eines Ullstein-Fotos
Gesamtherstellung: Steidl, Göttingen
ISBN 3-88977-300-1

Inhaltsverzeichnis

Ich fragte mich, ob das der Abschied sei …

Am 18. Oktober 1978 gibt sich Jean Améry in Salzburg den Tod. Ist da »alles nur schiefgegangen« – so wie er sein Österreich, das des proletarisierten Bürgertums, schildert? Nein. Alles ist anders. Der Weg in den Freitod führte geradeaus seit Auschwitz. Deshalb löst sein letzter Schritt, damals im Herbst 1978, eine Erschütterung aus, die bis heute nicht verebbt ist. Die Freunde, allen voran Helmut Heissenbüttel, greifen zur Feder, um weiterleben zu können: Margarete Hannsmann, Elisabeth Schipp von Branitz, Friederike Mayröcker, Hans Mayer, Ernst Jandl, Hilde Domin.

Günter Kunert schreibt unter dem Eindruck des Freitodes »Vor der Sintflut« (Jean Améry zum Gedenken):

In den Abendbäumen
Gebilde aus purer Luft
langgezogen wie Rufe
aus weiter Ferne und ich fragte mich
ob das der Abschied sei
oder sonst ein Zeichen
des Endes

Denn die Erde versinkt
hinter dem Horizont
nichts geht mehr auf

das ist klar
und es bleibt
ein fahriger Widerschein
von uns allen
noch eine Weile
bestehen.

Alle haben es gewußt: Nichts ist schiefgegangen. Jean Améry ist nur geradeaus gegangen, weil er das Undenkbare ausgedacht hatte. Im Exposé zu seinem »Diskurs über den Freitod« – er gab ihm den Titel »Hand an sich legen« – schreibt er:

»Die Selbstauslöschung widerspricht der Logik der Lebenden: das Tier kennt keinen Freitod, da es keine Freiheit kennt; und es vollzieht keinen ›Selbstmord‹, da der Begriff Mord niemals seiner natürlichen Programmierung zugeordnet werden kann. Die Außerordentlichkeit des Freitods hat dazu geführt, daß er in unserer Zivilisation und innerhalb des Systems der im weitesten Sinne judäo-christlichen Moral als Sünde, Verbrechen oder Krankheit angesehen wurde ...«

Als ich von Jean Amérys Freitod erfahre – kurz nach der Buchmesse 1978 in Frankfurt –, schlägt mir die »Logik der Lebenden« mit der Wucht des Unverstandenen aufs Gemüt: Das kann nicht wahr sein, das kann er nicht machen, nicht jetzt, wir sind doch verabredet.

In der Tat: Wir waren verabredet, ein paar herbstliche Tage auf dem Land zu verbringen, spazierenzugehen, zwischen Cognac und Whisky zu entscheiden und altmodisch viel Zeit zu geben für lange Gespräche – wie noch im Juni im Hochmoor von Spa und vor mehr als zehn Jahren am Rheinufer in Köln.

Begegnet war ich ihm zuerst im Hause des Philosophen Heinz Robert Schlette. Jean Améry, der damals viel für den Westdeutschen Rundfunk schrieb (nachdem Helmut Heissenbüttel vom Süddeutschen Rundfunk ihn verführt hatte, für deutsche Sender zu schreiben), wollte immer wieder wissen, ob in Deutschland wirklich eine neue Generation heranwachse und ob er auf den Reisen zwischen Brüssel und Salzburg wirklich auf deutschem Boden aussteigen könne ...

Und jetzt – jetzt will er nichts mehr wissen.

»Die Welt des Glücklichen ist eine andere als die des Unglücklichen. Wie auch beim Tod die Welt sich nicht ändert, sondern aufhört.«

Dieses Wort aus Wittgensteins »Tractatus Logicophilosophicus« hat Améry seinem Diskurs über den Freitod vorangestellt – wer wundert sich, daß da einer nur »sich selbst gehören« will und den »Weg ins Freie« konsequent und geradeaus verfolgt hat!

Der Weg ins Freie hat viele Stationen und bringt viele Abschiede. Wenn Jean Améry sie aufzählt, werden Töne seines Charakters hörbar, die man aus seinen literarischen Veröffentlichungen kaum kennt: Humor und Ironie.

»Was war ich denn alles gewesen? Ja, unter anderem Bar-Pianist. Das Lokal hieß ›Venusdiele‹ und befand sich in Lichterfelde-Ost. Aber ich war auch

Laufbursche, Lastträger, ja Gott, das ist eigentlich nicht so interessant, was ich alles war. Ich habe in Buchhandlungen ausgeholfen, zur Weihnachtszeit, als man Verkäufer brauchte.«

Später wird er bemerken, als Häftling verschiedener Konzentrationslager – Auschwitz, Buchenwald, Bergen-Belsen – sei er eben auch Angestellter des Herrn Speer gewesen ...

Erst 1964 gewinnt Améry so viel Distanz zu den entsetzlichen Erfahrungen in Gurs, Auschwitz, Buchenwald und Bergen-Belsen, daß er darüber berichten kann. Er trifft in Brüssel auf Helmut Heissenbüttel. Der verabredet mit ihm eine Sendung für den Süddeutschen Rundfunk über die »Begegnung des Intellektuellen mit Auschwitz«. Der Essay wird gesendet und, wie Heissenbüttel berichtet, mit spontaner Anteilnahme aufgenommen. Améry artikuliert seine Erfahrung der Folter und der Gefangenschaft und zugleich seine »zögernde Rückwendung zum Nachkriegsdeutschland«. Die Radiosendung erscheint unter dem Titel »Jenseits von Schuld und Sühne – Bewältigungsversuche eines Überwältigten«.

Heissenbüttel: »In der unnachgiebigen und zugleich nervös aufmerksamen, an Jean Paul Sartre geschulten Reflexion Amérys wird Erfahrung des vergangenen Erleidens verwandelt in Lernstoff für zukünftiges Leben.«

Im ZDF erzählt Jean Améry: von seiner Beteiligung am Widerstand gegen die Nazis, von seiner Verhaftung durch die Männer im Ledermantel, mit vorgehaltener Pistole, von Verhör und Folter, Prügel und Zwangsarbeit – und von Tätern und Opfern.

Améry will nicht schweigen, aber er will erst recht nicht – anders als diejenigen unterstellen, die nie etwas begreifen – als Berufsopfer umherreisen und der Prophet dieses einen Themas sein. Und in der Tat: Er war es nicht. Viel zu umfassend ist seine literarische Bildung, viel zu weit der Horizont seiner Interessen, viel zu tief das Fundament seiner philosophischen Tradition. Mit nüchterner Ironie erzählt er:

»Ich habe dann nach 1945, um mein Brot zu verdienen, begonnen zu schreiben, und zwar das, was der Markt forderte, und für einen Markt, für den ich bereit war zu schreiben. Ich schrieb rund zwanzig Jahre ausschließlich für die Schweiz, ich schrieb über eine Agentur alles, was man von mir verlangte und wofür ich bereit war zu schreiben.«

Zur Begegnung mit Heissenbüttel und zur Veröffentlichung seines Buches »Jenseits von Schuld und Sühne« bemerkt er lakonisch: »Damit trat ich sozusagen als hoffnungsvoller Anfänger von 52 Jahren auf die deutsche literarische Bühne.«

Zwölf Jahre bleibt er auf dieser Bühne – so lange, wie zuvor die Nazis ihren Macht- und Zerstörungsrausch ausgetobt hatten. Diese Dauer ist das einzige, was vergleichbar ist zwischen den Tätern und dem Opfer. Oder ist es ein Vergleich, wenn man feststellt, daß die einen, die Täter, zwar nicht tot, aber ohne geistige Macht sind – das Opfer hingegen tot, aber voller Einfluß auf die geistige Welt derer, die nach ihm weiterleben? Viele Rundfunksendungen und immer wieder diese luziden Essays machen ihn zum abwesend-gegenwärtigen Gast in den literarischen Zirkeln und intellektuellen Salons der späten sechziger und siebziger Jahre.

Er, der das Altern als fortschreitenden Prozeß der Entfremdung beschreibt; der beobachtet, daß der alternde Mensch früher oder später unzeitgemäß wird, ist in diesen Jahren alles andere als isoliert. Man ist neugierig auf ihn, man mag ihn, man liebt ihn. Er, der die Würde des Alterns in Revolte und Resignation sieht, ist zugleich der willkommene Gast, der heiter und lebenshungrig vergnügt sein mag, von Marilyn Monroe schwärmen kann und mit der andächtigen Neugier eines Teenagers ein fremdes Auto steuert – nicht ohne ironisch festzustellen, daß seine Augenlider sich wie ein Vorhang vor die Pupillen senken, als wollten sie ihn daran hindern, die rote Ampel zu bemerken.

Mag sein, daß Jean Améry mit seiner Revolte gegen das Altern und zugleich mit seiner Resignation sich die eigene Angst vor dem Verfall von der Seele schreiben will. Aber der Philosoph und Essayist wäre nicht das, was er ist, würde er die Enge seiner Ängste nicht ins Weite bringen, ins Weite einer allgemeinen Aussage über die *condition humaine*. Er entfaltet dies in seinem Buch über das Altern und dann, 1974, in »Lefeu oder der Abbruch«:

»Das Buch über das Altern, war meine eigene Auseinandersetzung mit dem Altern, und in ›Lefeu‹ habe ich versucht, dem Abbruch, dem Niedergang, der etwas Miserables hat – Abbruch und Niedergang sind Elend – einen gewissen humanen und ästhetischen Wert, eine gewisse Würde zu geben.«

Hier ist Sisyphos am Werk, jene antike Sagengestalt, die trotz aller Vergeblichkeit nicht aufgeben kann und von der Albert Camus sagt, man müsse sich Sisyphos als einen glücklichen Menschen vorstellen – und die für Améry Anlaß ist, seine Vision von der Würde des Menschen zu verfolgen:

»Sofern ich mich mit Camus vergleichen darf – was aus Qualitätsgründen jedoch schwer möglich ist –, gibt es zwischen Camus und mir eine innere Verwandtschaft. Als einen glücklichen Menschen kann ich mir freilich den Sisyphos nicht vorstellen. Aber als einen würdigen Menschen. Ich hätte den letzten Satz eines Werkes über Sisyphos so geschrieben: Man muß sich Sisyphos als einen Menschen mit Würde vorstellen ... Un homme heureux – das ist irgendwie etwas anderes als ein glücklicher Mensch ... «

Die unmeisterlichen Wanderjahre des Menschen und Schriftstellers Améry führen ihn – immer auf der Suche nach Heimat – auch nach den Schicksalswegen des Weltkrieges vorüber an den Stationen des geistigen Diskurses in Europa: des Existentialismus, der »neomarxistischen Welle«, der »strukturalistischen Strenge«, der Auseinandersetzung mit dem Nachkriegsdeutschland – » ... Deutsch sein –: die inbrünstige Bereitschaft, einen Tritt in den Hintern zu empfangen und weiterzugeben ... «

Es gibt Stationen am Weg durch Deutschland, die sich bedrohlich in sein Gesichtsfeld schieben: »Rasthäuser, Hotels, Zeitungen mit erdrückenden Literaturbeilagen, Messetrubel, Bücherberge, Verlegerpartys mit Happenings, gediegene Highclass-Bewußte mit Weinmarkenbildung und aufgebrachte Junglinke mit höchster Verachtungs-Kapazität«, die neuen Linken also und die alten Rechten. Und, weniger bedrohlich, die Schriftsteller und die Schriftgelehrten, die aus der Emigration zurückgekehrten Professoren und ihre revoltierenden Schüler von 1968.

Das Unheil der deutschen Studentenbewegung sieht Améry in der Ahnungslosigkeit und Borniertheit vieler Studenten, die aus einer Gedankenwelt, einem vagen Gefüge von Koordinaten und Referenzen ein ideologisches System zu zimmern versuchten, ohne dafür die intellektuellen Voraussetzungen zu haben – dies aber mit deutscher Gründlichkeit... Dabei sieht Améry vor allem auch das Versagen der älteren Generation.

»Die geistigen Führer der deutschen Jugend haben in einem ganz bestimmten Augenblick versagt. Einer der wenigen, die nicht versagten, war Jürgen Habermas. Habermas war der erste, der das Wort »Linksfaschismus« aussprach, wobei wir mit dem Wort Linksfaschismus vorsichtig sein müssen. Aber Adorno hat versagt, indem er sich einfach gekränkt zurückzog und nicht bereit war, die Verantwortung auf sich zu nehmen, die er eingegangen war, als er eine ganze Generation von jungen Menschen zu der Vorstellung erzog, zwar in einer liberalen Demokratie zu leben, diese aber doch für die Hölle zu halten, in der man eigentlich nicht leben könne.«

Améry, obzwar der schöngeistige Essayist, versteht sich als politischer Schriftsteller. Die Demokratie verwirklicht im Prinzip genau die Werte, die ihm wichtig sind: Freiheit, Gerechtigkeit, Wahrheit und Vernunft – wobei Vernunft für ihn weit mehr ist als die platte, instrumentelle Vernünftigkeit, die so oft mit der Vernunft verwechselt wird. Und Améry scheut sich nicht, konkret zu werden. Im Gespräch fallen die Namen von Politikern und Parteien, und wenn er über Demokratie nachdenkt, dann bewegen ihn auch die Probleme der öffentlichen Medien. Schon 1978 macht er sich darüber lustig, daß mit dem Motto »mediengerecht« so mancher Sender in das Fahrwasser läppischer Anbiederung gerät.

»Das geht ja schon so weit, daß selbst der Wetterbericht in einen Dialog aufgelöst wird – möglichst mit einer Dame, die dann recht blöd kichern muß. Es gibt aber gar nichts zu kichern, wenn gesagt wird, daß schlechtes Wetter kommt, nicht einmal, wenn gutes Wetter kommt...«

Améry leidet unter dem »Terror der Aktualität«, zumal er die Medienaktualität für eine Scheinaktualität hält, indem ein Scheinereignis zur Aktualität gemacht wird. Aber Améry wäre nicht Améry, wenn er nicht sofort auch den Gegenterror dingfest machen würde: den Terror des Ewigen und Absoluten.

»Es gibt zwei Einschüchterungen des Menschen: die durch das Moderne bis Modische und die Einschüchterung durch das Klassische. Die Einschüchterung durch das Klassische ist der Gegenterror des Absoluten, des Ewigen...«

Was Améry über das öffentliche Forum der Medien sagt, gilt auch für seine persönliche, private Existenz. Der hochdifferenzierte Agnostiker, der Philosoph und Künstler lebt nicht nur in den Gefilden des Ewigen und Absoluten. Er wendet sich höchst sensibel zugleich den sinnlichen Freuden des Lebens zu. Freunde und Frauen spielen eine wichtige Rolle in seinem Leben. »Ich könnte ohne Beziehungen zu Frauen – freundschaftliche, zärtliche, erotische bis sexuelle gar nicht existieren ...« Und auf die Frage, was Frauen ihm denn bedeuteten, ob Mutter, Geliebte, Schwester, ob Helferin, ob Muse, antwortet er einfach: »Alles zugleich.«

Ist es das, was Jean Améry veranlaßt, sich Gustave Flauberts Roman »Madame Bovary« zuzuwenden, jener Geschichte von der Frau des Landarztes, die sich in brennender Sinnlichkeit – auf die »der schwer arbeitende, erotisch ahnungslose Ehemann nur in konjugaler, schmatzender Welt- und Selbstzufriedenheit reagiert – in zwei Liebesaffären verwikkeln läßt, den Mann in Schulden stürzt und zum Gespött der Leute macht, bis sie selbst keinen anderen Ausweg mehr findet, als sich zu vergiften?

Aber Amérys Erzählung heißt »Charles Bovary, Landarzt« und trägt den Untertitel »Porträt eines einfachen Mannes«. Gilt sein Interesse der Emma Bovary oder dem Mann?

»Emotionell identifiziere ich mich weiter mit Emma. Dieses flammende, dieses Mit-dem-Kopf-durch-die-Wand-laufen der Emma ist etwas, was mich immer begeistert hat.«

Dennoch unternimmt er die Ehrenrettung des betrogenen Ehemannes.

»Das Revisionsverfahren, das ich zu seinen Gunsten anstrenge, wird zunächst auf der Ebene der schlichten Frage nach der Wahrscheinlichkeit geführt: Charles Bovary ist (bei Flaubert) keine glaubhafte Figur. Er ist der ›cocu‹ des am Stammtisch im Café de Commerce erzählten geistlosen Witzes. Es ist schlechthin nicht möglich, daß ein liebender, ja, wie sich beim Tode Emmas erweist, sogar leidenschaftlich liebender Ehemann seinen kostbarsten Besitz mit Hornochsen-Blindheit den Liebhabern geradezu ausliefert. Es ist in hohem Grade unwahrscheinlich, daß Charles seine Frau ermutigt, mit Rodolphe Ausflüge zu Pferde zu unternehmen. Es ist unglaubhaft, daß Emmas ständige Besuche in Rouen, wo sie Léon trifft, den Ehemann nicht mißtrauisch machen ...«

Und so weiter und so weiter. Améry will das ungelebte Leben des Monsieur Bovary zur Sprache bringen. Er klagt den hochmütig-misanthropischen Erzähler Flaubert an und mit ihm die menschenverachtende Moral der bürgerlichen Gesellschaft. Er protestiert gegen die Festlegung des Mannes auf die Rolle des Tölpels, er revoltiert dagegen, daß der spätbürgerliche Roman den, der verliert, so erbarmungslos zum Verlierer macht. Améry gibt dem glücklosen, geplagten, betrogenen, geschmähten, verzweifelten und schließlich sterbenden Landarzt die Kraft zur Leidenschaft und damit die Würde zurück.

Es ist müßig, die Frage nach dem Sitz dieser Geschichte im Leben des Jean Améry zu stellen. Dies bleibt für immer sein Geheimnis. »Die Welt des Glücklichen ist eine andere als die des Unglücklichen ...«

Zu den letzten Werken Amérys gehört das Projekt der Novelle »Rendezvous in Oudenaarde« – eine Geschichte zwischen Traum und Wirklichkeit, von der geheimnisvollen Verabredung eines Mannes mit seiner verstorbenen Frau.

Améry will das phantastische und das realistische Element zu vollkommenem Gleichgewicht auswiegen: »Das Leben als Traum und der Traum als Leben gelangen zur Kongruenz«, schreibt Améry in einem Exposé zum »Rendezvous«. Er kehrt damit zu einem Zentralthema seines Lebens zurück: zur Frage, was denn Wirklichkeit sei. Von Anfang an war er der Grenzgänger zwischen den Welten: zwischen Philosophie und Poesie, Nacht und Tag, böse und gut, Leben und Tod. Von Abschied zu Abschied hat er, der wußte, wie schlimm es ist, keine Heimat zu haben, sich für den Tod als Heimat entschieden, nachdem das Sterben schon lange, schon seit Folter und KZ, der Horizont seines Lebens war.

Ernst Jandl schreibt zum Tod des Freundes:

»der horizont ist nur ein strich
der rutscht immer tiefer herunter
er tut es langsam
darüber erscheint kein himmel.«

Ingo Hermann

Der Grenzgänger

Das Gespräch wurde im Sommer 1978
aufgezeichnet.

Wer ist Jean Améry?

Ja, wenn ich das nur selber wüßte. Ich kann nichts anderes bieten als ein paar ganz dürre Daten. Geboren 1912 in Wien, aber durch einen Zufall in Wien, denn meine Familie väterlicherseits stammt aus Hohenems in Vorarlberg. Mein Großvater war sehr stolz auf einen Stammbaum in Hohenems, der bis ins 17. Jahrhundert reichte. Mir ist das völlig gleichgültig, woher ich stamme. Ich habe mit Hohenems eigentlich nur noch sehr wenig zu tun. Aufgewachsen zum großen Teil in Oberösterreich, genauer gesagt im Salzkammergut, Sohn einer Kriegerwitwe. Mein Vater ist 1916 im Ersten Weltkrieg als Tiroler Kaiserjäger gefallen. Die Mutter, eine höhere Tochter, die nichts anderes konnte als Französisch, Klavier spielen und sehr gut kochen, konnte mich weder mit Klavier spielen noch mit Französisch durchbringen, wohl aber mit sehr gut kochen und hatte in Bad Ischl im österreichischen Salzkammergut ein Wirtshaus, eine Gaststätte, eine Pension. Als das dort schiefging – eigentlich ging bei uns, dem proletarisierten Bürgertum in Österreich, alles schief –, gingen wir nach Wien, wo ich recht unregelmäßig Philosophie und Literatur studierte, nicht etwa verbummelt – leider nicht –, sondern immer wieder wurde ich durch – mehr oder weniger – harte Arbeit unterbrochen. Was war ich denn nur alles gewesen? Unter anderem Bar-Pianist in Berlin. Das Lokal hieß »Venusdiele« und befand sich in Lichterfelde-Ost. Zu dem, was ich da klimperte, sang ein sehr hübsches Mädchen namens Erika, der ich recht eng verbunden war. Aber ich war auch Laufbursche, Lastträger. Ich habe in Buchhandlungen ausgeholfen, zur Weihnachtszeit, als man einen Verkäufer brauchte. Aber das Wesentliche war dann doch das Studium.

Seit wann haben Sie dieses Jahrhundert bewußt erlebt? Wie erscheint Ihnen dieses Jahrhundert? Was ist das für eine Zeit, in der wir leben?

Bewußt erlebt, vielleicht seit 1925.

Sie sind 1912 geboren, waren 1933 also 21 Jahre alt.

Ich bin spät im Jahr geboren, am 31. Oktober 1912. Also im 21. Jahr, 1933, da wußte ich schon vergleichsweise viel, vergleichsweise zum allgemeinen damaligen Wissensstand, nicht vergleichsweise zu meinem jetzigen. Im Vergleich, in Beziehung zu meinem jetzigen wußte ich wenig. Wenn ich mich aber vergleiche mit Freunden, Jahrgangskameraden, dann wußte ich '33 doch recht viel. Ich bin Österreicher, mein Vater ist im Ersten Weltkrieg gefallen. Das hat mich begleitet. Durch die Erzählungen meiner Mutter hat mich die Geschichte der k.u.k. österreichischen Monarchie begleitet. Ich sah schon den heraufsteigenden Faschismus kommen in seiner österreichischen Spielart, die zwar erst 1934 siegreich wurde durch den Staatsstreich des damaligen Kanzlers Dollfuß[1], die sich aber vorher mit kleinen Putschen in der österreichischen Heimwehr schon ankündigte. Das Geschehen von 1933 traf mich nicht völlig unvorbereitet.

Die berühmten zwanziger Jahre haben Sie in Wien oder in Österreich verlebt?

Erst die späten zwanziger Jahre in Wien, vorher in der Provinz in Oberösterreich im österreichischen Salzkammergut.

Sie haben das Aufkommen des Faschismus in Österreich erlebt. Wie stellte sich das eigentlich dar? Was heißt »Faschismus« in Österreich?

Da stellen Sie mir eine sehr, sehr schwierige Frage. Was es damals hieß, ist ganz klar, es war ja das italienische Vorbild da. Hinzu kommt, daß außenpolitisch, weltpolitisch Italien damals einen entscheidenden Einfluß auf Österreich ausgeübt hat. Faschismus war für uns das, was in Italien vorgegangen war: Marsch auf Rom, Mord an Matteotti[2], Einparteiensystem, und zwar ein Einparteiensystem, das – anders als der Bolschewismus, an den viele von uns damals noch glaubten – nicht seinen Fluchtpunkt in einer prinzipiell humanistischen Ideologie hatte. Es war also der italienische Faschismus, den wir, österreichisch gespiegelt, herankommen sahen, mit Privatarmeen und der Heimwehr des Fürsten Starhemberg[3], wobei auch Dollfuß eine gewisse Rolle spielte.

Es war also nicht nur ein ideologisches Überlappen über die Grenze von Italien nach Österreich. Es gab auch schon den Blick auf konkrete Machtverhältnisse. Es gab schon bewaffnete Gruppen. Es gab schon Politiker.

1927 gab es schon - dies gehört zu meinen wesentlichsten Erinnerungen - das erste Aufflammen einer bürgerkriegsähnlichen Situation. Am 15. und 16. Juli 1927 stieß die Heimwehr, also die kleriko-faschistische Heimwehr, zusammen mit dem Republikanischen Schutzbund der Österreichischen Sozialdemokratischen Partei, den vielgerühmten und ebensoviel verschrieenen Austro-Marxisten.

Inwiefern war das ein Kleriko-Faschismus in Österreich?

Die katholische Kirche hatte einen enormen Einfluß.

Wirkte sich das politisch aus?

Selbstverständlich, auf das Unterrichtssystem, die Kulturpolitik. Das gesamte pädagogische Dasein des österreichischen Volkes war geprägt durch den Einfluß der Kirche.

Wie haben Sie das erlebt? Sie waren zu dieser Zeit in der Schule.

Ich habe jeden Morgen das Schulgebet gesprochen und mir darüber keine weiteren Gedanken gemacht, zumal ich katholisch erzogen wurde, wie das so heißt.

Wie haben Sie den Kleriko-Faschismus erlebt?

Den spürte ich als Unterdrückung aller freiheitlichen und emanzipatorischen Regungen. Das hatte damals wirklich noch einen Sinn, von Emanzipation zu sprechen, im Gegensatz zur heutigen Situation, wo es oft ein leeres Wort ist. Das heißt, freies Denken, agnostisches Denken, atheistisches Denken war im offiziellen Österreich verpönt, und es war sehr schwer, sich davon loszumachen. Eine Figur wie Freud[4] war nicht nur, weil er so schreckliche Dinge dargelegt hat wie die von der Sexualität des Kindes, ein Außenseiter, sondern er war es auch als Rationalist und Atheist. Ich mache da gar keinen so verfeinerten Unterschied zwischen Atheismus und Agnostizismus.

Ein Jahrhundert der Gewalt?

Gab es damals eigentlich schon Anzeichen von Gewalt? Mir scheint das Phänomen des Faschismus ganz eng mit dem der Gewalt zusammenzuhängen. Ich möchte deshalb die Frage nach diesem Jahrhun-

dert jetzt noch präziser stellen und fragen: Haben Sie es erfahren als ein Jahrhundert der Gewalt?

Wenn Sie mich persönlich fragen, hab ich's natürlich als ein Jahrhundert der Gewalt erfahren, nicht ausschließlich, aber doch wesentlich als ein Jahrhundert der Gewalt. Versuche ich jedoch historisch zu denken, dann muß ich mich allerdings fragen, wie viele Jahrhunderte der Geschichte, die wir aufgezeichnet haben, waren denn gewaltlos? Wir werden zu verzweifelt geringen Zeitspannen kommen, die wirklich gewaltlos waren. Es gab viel fürchterlichere, wenn auch quantitativ nicht so umfängliche Epochen der Gewalt in der Geschichte als die, die wir erlebt haben.

Wesentlich scheint mir in diesem Zusammenhang zu sein, daß es ein Jahrhundert der Gewalt war und zugleich ein Jahrhundert des Humanismus und daß allzuoft die Gewalt im Dienste grundsätzlich humanistischer Ideen stand, wie zum Beispiel im Bolschewismus. Wir dürfen nicht vergessen, daß der Bolschewismus, der ja auf »geheiligten« Texten von Marx und Lenin steht und sich auch immer wieder auf sie beruft, daß dieser Bolschewismus eine pervertierte Form des militanten Humanismus war.

Er hat sich als Humanismus verstanden und natürlich auch ein bißchen schon als Erbschaft der großen Französischen Revolution. Robespierre hat sich durchaus als Humanist verstanden. Nur, daß die große Französische Revolution geschichtlich in meinen Augen in einem höheren Sinn gerechtfertigt war als die Oktoberrevolution in Rußland beziehungsweise in der Sowjetunion. Ich könnte mir ein freies Leben ohne die große Französische Revolution, ohne Robespierre – vor allem Robespierre[5], der ja die Schlüsselfigur war – und auch ohne die Schreckensherrschaft nicht vorstellen. Ich könnte mir sehr wohl eine freie Existenz in unserer Epoche ohne den Leninismus vorstellen. Das ist für mich eine Denkmöglichkeit, eine historische Denkmöglichkeit, wenn wir schon historisch konstruieren und spielerisch uns gewisse Modelle vorstellen wollen.

Ich verstehe das noch nicht ganz. Dementiert nicht jede Form von Gewalt den humanistischen Anspruch, sowohl bei Robespierre mit der Schreckensherrschaft wie dann auch in der Oktoberrevolution? Kann man das überhaupt zusammendenken: den Anspruch auf Humanismus und Gewalttätigkeit?

Ich glaube, man kann es schon zusammendenken beziehungsweise man muß es zusammendenken, denn – jetzt werde ich fast ein bißchen »hegelianisch« – die Geschichte hat es für uns zusammengedacht. Wenn ich mir die Französische Revolution vorstelle und unsere Situation, unser beider ganz persönliche Situation, die wir hier als bürgerliche Intellektuelle frei sprechen, dann muß ich sagen, die Geschichte hat dem gewalttätigen Humanismus Robespierres recht gegeben. Sie hat dem gewalttätigen Humanismus Lenins nicht recht gegeben, denn es dauert schon allzu lange. Da hätte schon etwas anderes herauskommen müssen als das, was wir in der Sowjetunion sehen.

Und wie war es beim Faschismus? Davon waren wir ausgegangen. War denn da überhaupt jemals ein Anspruch formuliert, humanistisch zu sein?

Nein, der Faschismus wollte gar nicht humanistisch sein. Da gab es ganz andere Begriffe. Da gab es niemals den Begriff des Menschen. Es gab niemals die Grundbegriffe des modernen Humanismus oder des Humanismus der Französischen Revolution. Es gab nicht die Begriffe »Egalité, Liberté, Fraternité«. Es war keine Rede von Freiheit, von Gleichheit, von Brüderlichkeit, sondern es waren imperiale Ideen: die Größe des italienischen Volkes, die Mussolini mit idiotischen, scheußlichen Bauten hat symbolisieren wollen; gar nicht erst zu sprechen vom Nationalsozialismus, über den ich aber nicht im Zusammenhang mit dem Faschismus sprechen möchte. Der Nationalsozialismus war für mich etwas Singuläres und Irreduktibles. Ich halte es für ganz verkehrt, den Nationalsozialismus als einen Faschismus zu bezeichnen, wie es allgemein geschieht.

Er hat sich zumindest, historisch gesehen, zu einer Singularität entwickelt. War er am Anfang nicht doch in einem allgemeinen Sumpf faschistischer Ideen entstanden?

Nicht einmal. Denn wenn wir den italienischen Faschismus hernehmen, so war es doch so, daß es keine rassische Ideologie gab. Es gab bis zum Schluß keinen rabiaten Antisemitismus im italienischen Faschismus. Es war zum Beispiel auch möglich, daß ein Künstler wie Marinetti[6], der Futurist, zu einem der Sprecher des Regimes wurde. In Deutschland wäre so ein Mann unter Hitler beziehungsweise dem Nationalsozialismus natürlich in die Rubrik »entartete Kunst« gefallen. Es war schon völlig anders. Es war etwas völlig anderes, wenn das Regime auch – und nun sage ich etwas Marxistisches – auf der einen wie auf der anderen Seite von den herrschenden Wirtschaftsmächten des Kapitalismus gefördert wurde, die genau wußten, was sie wollten. Das ist schon richtig. Die haben die ökonomische, die finanzielle Suprastruktur gegeben. In Deutschland ist bekanntlich der Nationalsozialismus ständig unterstützt worden von der Schwerindustrie. In Italien wurde es Mussolini. Aber in ihrer Realität waren sie von diesen Ursprüngen bereits völlig unabhängig und wurden je etwas Besonderes, so daß wir heute eigentlich nicht mehr berechtigt sind, den italienischen Faschismus mit dem deutschen Nationalsozialismus zu vergleichen.

Unter dem Aspekt der Gewalt kann man vielleicht doch Parallelen sehen, die sich dann auch geschichtlich durch die Allianz, durch die Achse Rom – Berlin manifestiert haben, so daß die politische Auswirkung diese beiden Ideologien unter dem Aspekt der

Gewalt doch näher aneinanderrückt, als man es in einer theoretischen Unterscheidung sehen würde.

Ja, wenn wir ausgehen von der Gewalt, müßten wir natürlich auch vom Bolschewismus sprechen. Die bolschewistische Gewalt war in einem beschränkten Zeitraum durchaus gerechtfertigt, so wie die Robespierres, für einen beschränkten Zeitraum. Es hätte nur freilich zu etwas anderem werden müssen. Wir können also die Gewalt nicht als ein rein faschistisches Phänomen sehen. Das, glaube ich, können wir nicht. Im deutschen Nationalsozialismus kam es dann so. Aber, wie gesagt, der Nationalsozialismus war etwas Einzigartiges, etwas ganz Besonderes. Er unterschied sich ganz wesentlich sowohl vom Bolschewismus als auch vom italienischen Faschismus.

Ich versuche darüber nachzudenken, woran es eigentlich liegt, daß wir Definitionsschwierigkeiten haben, wenn es darum geht, den Nationalsozialismus zu beschreiben. Ich war ausgegangen von der politischen Manifestation, und da rücken – aus meiner Sicht jetzt einmal gesagt – der Bolschewismus, der italienische Faschismus und der Nationalsozialismus eng aneinander. Für das Opfer ist es egal, welche Ideologie derjenige hat, der es quält.

Allerdings müssen wir da etwas tun, was im allgemeinen bei solchen Diskussionen verpönt ist: Wir müssen quantifizieren. Wir müssen uns mal ansehen, wie viele Opfer der italienische Faschismus gefordert hat, wie viele der russische Bolschewismus und wie viele der deutsche Nationalsozialismus. Da kommen die Italiener sehr gut weg. Ich will nichts bagatellisieren, um Gottes willen, es sind schreckliche Dinge vorgegangen, wie dieser entsetzliche Mord an Mateotti. Es sind Leute im Gefängnis elend zugrunde gegangen, aber es ist – das mag zynisch klingen – quasi ein Kinderspiel gewesen im Vergleich zu dem, was einerseits im Bolschewismus, andererseits im Nationalsozialismus vorging – was aber voneinander wiederum völlig verschieden war. Es ist etwas völlig anderes, wenn ein zum großen Teil noch analphabetisches, industriell unterentwickeltes Volk sich in der Gewalt zu gebärden versucht, wie das sowjetische – oder ob ein hochzivilisiertes und hochkultiviertes Volk wie das deutsche sich im Nationalsozialismus selbst gestaltet. Da gibt es historisch gar keine Möglichkeit einer Parallele. Denken Sie doch an das deutsche Bildungsbürgertum. Es gab dieses breite Bildungsbürgertum im alten Rußland gar nicht, was wir in Deutschland hatten, das hineinreichte bis ins Kleinbürgertum und sogar bis ins gehobene Proletariat und das dann unter Hitler wacker mitmachte.

Wie können wir resümieren? Wir können sagen: Ja, unser Jahrhundert ist ein Jahrhundert der Gewalt – wie ich schon sagte, nicht nur, aber auch. Aber es sind sehr verschiedene Formen der Gewalt, graduell äußerst differenziert und historisch nicht immer kommensurabel.

Wenn wir noch einmal ausgehen vom biographischen Sitz im Leben dieser Gewaltthematik bei

Ihnen: Zuerst kam Gewalt auf Sie zu in Form des Kleriko-Faschismus während Ihrer Jugend in Österreich. Dann in der Form des Nationalsozialismus. Sie waren gleichzeitig Zeuge des Gewaltsystems des Bolschewismus. Aber das Thema Gewalt hat Sie auch danach nicht verlassen, auch nach der Befreiung nicht. Sie haben selber eingegriffen in die Diskussion um Gewalt und Gegengewalt.

Ja. Nun muß ich Angst haben, Beifall von der falschen Seite zu bekommen. Das ist mir schon passiert. Es wurde mir schon von einer Seite, mit der ich nichts zu tun habe, Mut bestätigt, weil ich mich hinsichtlich der Gewalt korrigiert habe. Es ist wahr, ich habe in der Nachfolge Sartres[7] – sehr stark von ihm beeinflußt, wie ich war – positiv über Gegengewalt als unterschieden von der Gewalt des Staates gesprochen. Ich muß das korrigieren, weil die Geschichte es korrigiert hat.

Wann sprach ich von der legitimen Gegengewalt? In Tagen, als nationale Befreiungskriege stattfanden, vor allem der Algerienkrieg, der auf mich einen sehr starken Eindruck gemacht hat, wo die Franzosen fürchterliche Dinge getan haben! Man weiß, daß dort gefoltert wurde, daß Fürchterliches begangen wurde.

Ich war nun in diesem Krieg ein Fürsprecher der revolutionären Gegengewalt, in der Hoffnung freilich, daß diese revolutionäre Gegengewalt eine humane Gesellschaft verwirklichen würde. Ich teilte diese Hoffnung mit – nachdem ich im französischen Sprach- und Geistesraum lebe – sehr vielen Franzosen, die auch geglaubt hatten, nun werde die Revolution in Algerien vielleicht zu einer freien brüderlichen Gesellschaft führen.

Ich glaubte das auch, ich hoffte das. Und ich las mit Zustimmung einen Satz von Sartre in der Einleitung zu den »Verdammten der Erde« von Frantz Fanon, der ungefähr heißt: »Wenn ein Kolonisierter einen Kolonisator erschlägt, tötet er gleich zwei, nämlich den Kolonisierten, der er war, und den, den er nun de facto erschlägt, nämlich den Kolonialherrn.« Ich habe dazu ja gesagt. Ich kann dazu heute nicht mehr ja sagen, nachdem diese freie, brüderliche Gesellschaft nicht verwirklicht wurde, und zwar in keinem der Länder, die sogenannte nationale Freiheitsbewegungen und nationale Revolutionen vollzogen. Kambodscha ist das allerschrecklichste Beispiel. Aber auch mit Vietnam ist nicht viel Staat zu machen. Ich meine, es waren gute Zeiten, als man noch schreien konnte: »Ho – Ho – Ho Chi Minh.« Ja, ich habe mitgeschrien.

Studentenbewegung 1968

Das ist interessant, weil Sie mit diesem Stichwort auch auf die Studentenbewegung Bezug nehmen.

Ich fand das großartig, ich habe mitgerufen. Ich bin gleich hingefahren nach Paris, 1968, wenn ich auch nicht direkt beteiligt war, denn ich bin kein Franzose. Aber ich wollte Zeuge sein und war begeistert von dieser 68er Revolution.

Ich sehe sie heute völlig anders. Ich habe mich völlig zu korrigieren. Alles, was ich damals sagte, gilt heute nicht mehr.

Was '68 in Paris stattfand, hatte starke Folgen auch in Deutschland, an den deutschen Universitäten. Haben Sie das beobachtet? Haben Sie das mitverfolgt?

Ein bißchen.

Haben Sie die Argumentation um Gewalt und Gegengewalt, Gewalt gegen Sachen und so weiter zunächst geteilt? Später haben Sie sich distanziert, haben gesagt: Ich revidiere.

Ich wurde revidiert durch die Geschichte, wie ich schon sagte. Wäre nämlich diese Freiheitsbewegung, für die man damals einstand, ein Weg zu wirklichen Freiheiten geworden, dann hätte ich recht gehabt. Aber die Geschichte hat es anders gewollt. Es war die Geschichte, die mir unrecht gegeben hatte. Würde ich jetzt starr an meinen damaligen Behauptungen hängen, wäre ich nicht nur blöde und blind und alt und sklerotisch, sondern ich würde mich auch anti-geschichtlich verhalten.

Ziehen Sie daraus die theoretische Konsequenz, daß man auf Gewalt nie setzen kann? Denn alle Bei-

spiele, die wir bisher genannt haben, haben nicht zur Verwirklichung einer freien und brüderlichen Gesellschaft geführt, weder der Bolschewismus noch die anderen revolutionären Bewegungen.

Mit Einschränkungen. Ich glaube, daß es absolut notwendige Revolutionen gab. Ein Beispiel für mich ist immer wieder die große Französische Revolution, sicher auch die französische Revolution von 1830. Die halte ich für legitim. Ich glaube weiter, daß es immer wieder in der Geschichte gewisser revolutionärer Schübe bedarf. Das, was von '68 blieb, war ein gewisser revolutionärer Schub, zum Beispiel im Universitätswesen. Der aber hätte sich selbst als bloßen Schub erkennen müssen, um authentisch zu werden. Er hat sich aber nicht als solchen erkannt, sondern hat sich als der Weisheit letzten Schluß verstanden und hat geglaubt, nun könne das und müsse das so weitergehen – was dazu geführt hat, daß zum Beispiel sehr vernünftige, fortschrittliche Universitätslehrer wie Ernst Topitsch[8], ein österreichischer Positivist, den ich sehr schätze, ausgesprochen reaktionäre Dinge äußerten. Das ist sehr tragisch, was zu einer gewissen Verwirrung an den französischen Schulen und oft unsinnigen Vorstellungen von Mitbestimmung und Diskussion führte. Es ist mir wiederholt passiert, daß ich Gastvorträge an deutschen Hochschulen hielt und daß dann die Studenten sagten: »Wir wollen diskutieren« – und ich in die Lage kam, in einer mir wahrhaftig nicht auf den Leib geschriebenen Situation sagen zu müssen: »Ja, aber meine Herren, der Diskussion muß die Information vorausgehen, und informiert sind Sie noch nicht.«

Ich kann Ihnen da ein Beispiel geben: Man hat mir zum Beispiel einmal zugerufen: »Das, was Sie da sagen, ist positivistisch«. Und ich sagte: »Ja, wissen Sie denn, was Positivismus ist?« Da kam raus, sie hatten keine Ahnung, was das überhaupt ist, philosophiegeschichtlich. Sie wußten gar nichts vom Positivismus, nichts vom älteren, nichts vom neuen. Sie hatten keine Ahnung. Das war ein Schlagwort für sie. Positivismus war irgendwas Böses.

Ich rekapituliere: Hätte '68 sich als einen notwendigen revolutionären Schub verstanden und sich selbst zu bremsen gewußt, dann wäre alles gut gewesen. Nein, es hat sich ideologisiert, es wollte sich systematisieren, und das war das Unheil. Das ganze System ein Unheil.

Glauben Sie, daß diese Ideologisierung und Systematisierung geradewegs in die Entwicklung zum Terrorismus geführt hat?

Ja, das glaube ich.

Liegt der Grund in der Systematisierung als solcher in dem Versuch, hier ein System zu etablieren? Oder liegt der Grund in der Gedankenwelt, die '68 zur Studentenrevolte und später zum Terrorismus führte?

Eine Gedankenwelt ist eine Aura und nicht ein System. Sie ist ein vages Gefüge von Koordinaten und Referenzen. Es ist kein wohlgefügtes System. Solange sie eine Aura ist, ist sie noch nicht Ideologie. Ich würde nicht sagen, daß es die Grundgedanken waren und die Gedankenwelt, aus der '68 entstand, was dann negative Folgen hatte. Vielmehr die Tatsache, daß es zum System erigiert wurde, wobei System da auch ein zu großes Wort ist. Es kam einfach herunter auf ein paar Schlagworte und auf ein Vokabular, und das ist das Allerschlimmste, ein Vokabular, das stark emotionell besetzt war.

Wichtig wäre wahrscheinlich aber doch die Feststellung, daß diese Gedankenwelt, diese Aura, zunächst völlig offen war. Man konnte nicht sagen, wer damals da mitgedacht hat, war im Kern schon ein potentieller Terrorist.

Unsinn.

Es hätte auch ganz anders kommen können.

Selbstverständlich hätte es ganz anders kommen können. Nur, was den Terrorismus betrifft, müssen wir sagen, daß erstaunlicherweise gerade dort, wo diese Gedankenwelt als Aura entstand – also an amerikanischen Universitäten – sie sich entzündete an dem moralisch unbedingt notwendigen Widerstand gegen den Vietnamkrieg. In Frankreich hat das am wenigsten zum Terrorismus geführt. Es wurde mit deutscher Gründlichkeit systematisiert.

Woran lag das? Kann es vielleicht daran liegen, daß in Deutschland nicht diskutiert worden ist, daß die Gedankenwelt damals nicht auf kompetente Gesprächspartner in der älteren Generation gestoßen ist und daß dadurch vor der Ideologisierung gewissermaßen die Isolierung stand?

Das Versagen der Väter

Grundsätzlich bin ich in diesem Punkt mit Ihnen einverstanden, aber ich würde es ein bißchen anders formulieren. Ich würde sagen, daß die Führer der deutschen Jugend in einem ganz bestimmten Augenblick versagten. Einer der wenigen, die nicht versagten, war Jürgen Habermas.[9] Habermas war der erste, der das Wort von der Gefahr des Linksfaschismus aussprach, wobei wir auch mit dem Wort Linksfaschismus vorsichtig sein müssen. Das ist noch eine andere Frage.

Adorno[10] hat versagt, indem er sich gekränkt zurückzog und nicht mehr bereit war, die Verantwortung auf sich zu nehmen, die er eingegangen war, indem er eine ganze Generation von jungen Menschen zur Vorstellung erzog, sie lebe in der liberalen Demokratie, aber die sei die Hölle. Man könne in dieser Welt nicht leben, und man habe keine andere Antwort auf diese Welt als eben die Gewalttat.

Ja, was mißlungen ist, ist die Integration, die intellektuelle, die gesellschaftliche Integration dessen, was 1968 endlich auf den Tisch kam. Es fand keine Integration statt, weil – Sie haben Adorno genannt – viele das Gespräch verweigerten.

Natürlich, Adorno war ein feiner, ästhetischer Mensch, und dem wurde die ganze Sache natürlich unheimlich, als sie konkrete Formen annahm. Das ist psychologisch begreiflich, aber es ist darum noch nicht entschuldbar. Ich meine, der arme Kerl ist daran gestorben, man sollte also kein böses Wort gegen ihn sagen.

Glauben Sie, daß die Unterscheidung zwischen persönlicher Gewalt und struktureller Gewalt nützlich ist, wenn man das Phänomen der Gewalt in unserem Jahrhundert geistig durchdringen will? Die Unterscheidung der Konfliktforschung zwischen persönlicher und struktureller Gewalt ist wichtig, um die staatliche Gewalt, möglicherweise auch die Reaktion der Gegengewalt, zu erklären und das zu unterscheiden von der persönlichen Gewalttat, wenn einer dem anderen den Schädel einschlägt.

Ja, diese Unterscheidung ist nicht nur wichtig, sondern ist für mich sogar so wichtig, daß ich für das, was man jetzt strukturelle Gewalt nennt, gerne ein anderes Wort finden würde, etwa – ich improvisiere jetzt – strukturelle Machtausübung. Wir müssen doch unterscheiden zwischen notwendiger – in jeder denkbaren Gesellschaft notwendigen – Machtausübung und eben, wie Sie sagten, jener Gewalt, die darin besteht, daß einer dem anderen den Schädel einschlägt. »Strukturelle Gewalt«, was soll denn das eigentlich heißen? Ist es strukturelle Gewalt, wenn ich beim roten Licht meinen Wagen anhalten muß? Oder wo beginnt die strukturelle Gewalt? Ich möchte sagen, ich will dieses Wort Gewalt hier gar nicht haben.

Wenn zum Beispiel ein Kind nicht ausgebildet werden kann, weil seine Eltern zuwenig Geld haben – nehmen wir mal den Fall – oder zuwenig Zugang zu den Bildungswegen überhaupt, oder ein behindertes Kind, das eine gewisse Grenze nie überschreiten kann, weil die Verhältnisse so sind, das etwa nennt Johan Galtung[11] strukturelle Gewalt.

Das nenne ich nicht Gewalt. Das würde ich jetzt schlechte und verfehlte Machtausübung nennen. Gewalt erleidet ein Kind dann, wenn es – wie auf englischen Colleges noch bis vor kurzem, ja vielleicht noch bis heute – geprügelt wird. Das ist Gewalt, und hierfür erachte ich mich zuständig, weil ich erfahren habe, was Gewalt heißt. Ich habe das auch deutlich genug beschrieben, was physische Gewalt bedeutet. So möchte ich gar nicht von struktureller Gewalt sprechen, sondern von struktureller Machtausübung, die in Grenzen zu halten ist, die man aber nicht als solche oder unter dem Begriff »strukturelle Gewalt« prinzipiell bekämpfen kann.

Denn es gibt keine denkbare Gesellschaft, die ohne eine gewisse Hierarchie und ohne Machtausübung und sogar ohne das, was man heute noch gedankenlos genug Oppression nennt, auskäme. Wie gesagt: Wo beginnt die Oppression? Beim Steuerbeamten? Bei der roten Ampel auf der Straße?

Ich würde das Wort Gewalt wirklich auf unmittelbar physisch ausgeübte beziehungsweise erlittene Gewalttätigkeit beziehen.

Ist die Gegengewalt-Theorie auch davon ausgegangen?

Sie ist davon ausgegangen, nur freilich aufgrund der Tatsache, daß bei den Erfahrungen, an denen sie sich orientierte, die Macht in der Tat Gewalt war. Die Kolonialmacht war physische Gewalt. Neger sind geprügelt worden, wenn sie nicht genug gearbeitet haben; sie sind sogar, wie im belgischen Kongo, verstümmelt worden. Es kam zu schrecklichen Abstrusitäten. Es sind Menschen gefoltert worden, noch in Algerien. Da war also die Macht gewalttätig. Da war der Begriff Gewalt gerechtfertigt für die strukturelle Gewalt – und es war dann auch der Begriff der Gegengewalt legitim.

In den fortgeschrittenen demokratischen Gesellschaften würde ich nicht von struktureller Gewalt sprechen, sondern allenfalls von falscher, verfehlter Handhabung der an sich notwendigen und unerläßlichen Macht.

Dann würde auch die gängige Gleichsetzung von struktureller Gewalt und konservativer Macht wegfallen. Dann paßt das Rechts-Links-Schema nicht mehr.

Nein, das paßt alles längst nicht mehr. Ich bemühe mich seit geraumer Zeit um eine ncue Definition, nicht des Begriffes »rechts«, der ist mir immer noch klar, aber des Begriffes »links«. Denn wenn wir uns die Sowjetunion ansehen oder die meisten der sich sozialistisch oder progressistisch nennenden Staaten, dann haben wir genau wieder jene strukturelle Macht, die zugleich auch Gewalt ist; und zwar physische Gewalt, ob man nun Menschen in ein Gulag schickt oder in eine psychiatrische Klinik einweist, obwohl sie geistig völlig gesund sind, oder man sie massenweise umbringt wie in Kambodscha, oder ob man eine Frau entführt, wie es jüngst in Algerien geschah, weil sie, die Schwester eines maßgeblichen algerischen Politikers, einen französischen Nicht-Moslem hat heiraten wollen. Also, da trifft das Schema rechts-links nicht mehr zu, denn die Sowjetunion versteht sich immer noch als auf der Linken stehend, Algerien desgleichen, Irak auch. Aber gelegentlich hängt es dann seine Kommunisten auf öffentlichen Plätzen auf.

Würden Sie Breschnew einen Linken nennen?

Nein, er ist in meinem Sinne ein verstockter Konservativer. Aus der jüngeren sowjetischen Geschichte kenne ich eine einzige Figur, die versucht hat, ein bißchen wieder nach links abzuweichen. Das war Chruschtschow, den ich bis heute schätze.

Sie haben in Ihren Büchern immer wieder die Frage gestellt, was denn eigentlich »links« oder wer ein »Linker« sei. Sie haben die Frage nach der alten und der neuen »Linken« gestellt. Sie haben die Linke in Frankreich mit der Linken in Deutschland verglichen. Wie sind Ihre Gedanken zu diesem Fragenkreis heute?

Ich glaube, was sich heute in Deutschland oder auch in Italien links nennt, hat längst nichts mehr mit dem zu tun, was im sprachüblichen Sinne links war. Sie wissen, woher der Begriff kommt: Es ist ein parlamentarischer Begriff, der aus einer Sitzanordnung der Anhänger des Königs entstanden ist – vor Ausbruch der Französischen Revolution. Aber dazu kam eine ungeheure geistige Maschine, die in Bewegung geraten war seit der französischen Aufklärung und die diesem Begriff »links« langsam seinen Sinn gab – bis hin zum Dreyfus-Prozeß[12], wo es dann ganz deutlich war, was »links« und was »rechts« war. Rechts war die Militärkaste und die Kirche, also alle Kräfte des Beharrens. Und links standen eben Zola, Clemenceau, die gesamten freiheitlichen Elemente. Das berühmte Manifest der Intellektuellen[13] und Zolas »J'accuse«, der Artikel in der Zeitung »Aurore«[14], sind die Marksteine.

Von daher ist »links« für Sie ein positiver Begriff?

»Links« ist für mich ein positiver Begriff geblieben. Wenn ich es ganz knapp formulieren wollte, würde ich sagen, das Wesen des Linksseins ist ein radikaler und unabdingbarer Humanismus.

Wie erklären Sie sich, daß der Begriff »links« einen denunziatorischen Beigeschmack hat, etwa in der heutigen gesellschaftlichen Diskussion in der Bundesrepublik?

Das ist ziemlich leicht zu erklären. Die Rechte weiß immer, daß sie rechts ist und warum sie rechts ist. Das sind die Kräfte – wie ich sagte – des Bewahrens und Beharrens und vor allem ökonomisch jene Kräfte, die darauf bedacht sind, ihrer Privilegien nicht verlustig zu gehen. Das ist recht einfach. Die Rechte weiß, warum sie rechts ist.

Warum nahm »links« einen denunziatorischen Charakter an? Zunächst einmal, weil die Linke in der Tat immer humane Forderungen stellte, die den Privilegierten nicht passen konnten. Es ist so in der ganzen Arbeiterbewegung. Es wurden Forderungen an Gleichheit gestellt, die auf Kosten der Privilegierten gehen mußten. Also hat die Rechte immer das Linke negativ definiert, nämlich als das, was zersetzend, zerstörend, fermentös, auflösend und die heiligsten Bürgergüter in den Schmutz ziehend sei.

Von Terroristen und Intellektuellen

Nun kommt allerdings in der aktuellen Diskussion noch etwas anderes dazu, namentlich in der Bundesrepublik, aber auch in ganz Europa, nämlich das Phänomen des Terrorismus. Und der macht es unserer Rechten ganz außerordentlich leicht, die Linke zu denunzieren. Der macht es der Rechten sehr leicht, alle Forderungen nach Veränderung der gegebenen Gesellschaftsstruktur anzuklagen und zu sagen: »Da seht ihr, wohin ihr kommt«. Und: »Das ist die äußerste Konsequenz dessen, was geschah.« Es ist aber gar nicht die Konsequenz. Denn die Leute, die sich selbst linksextrem nennen, haben mit jenem radikal humanistischen Gedankengut, das ich verteidige und immer verteidigen werde, längst nichts mehr zu tun. Sie wollen nichts mehr wissen von der Aufklärung. Es ist für sie eine alte und erledigte Sache. Da trägt übrigens Adorno mit seiner »Dialektik der Aufklärung« auch eine gewisse Schuld. Sie wollen von der ganzen großen Erde nichts mehr wissen. Ja, es geht so weit, daß sie da und dort auf widerliche, widernatürliche Weise kooperieren – mit rechtsaußen. Sie können das an gewissen regionalistischen Bewegungen sehen, zum Beispiel in der Bretagne. Da haben die kürzlich einen Flügel von Versailles gesprengt, das ging durch die ganze Presse. Als man diese Leute festsetzte, stellte sich heraus, da waren Leute darunter, die rechtsaußen standen, Söhne oder Töchter ehemaliger Kollaborateure.[15] Das haben Sie auch in der okzitanischen Bewegung, das haben Sie in vielen regionalistischen Bewegungen. Das haben Sie auch in der Bundesrepublik, wenn zum Beispiel ein Neonazi in den Untergrund geht und sagt: »Die Terroristen, die Linksterroristen, die sind eigentlich gar nicht so schlecht. Es gilt vor allem, das System zu schlagen.« Dieser Begriff »das System« ist ein Begriff, der aus der Nazi-Zeit herüberklingt. Das System war immer die Republik.

Könnten Sie sich einen Linksintellektuellen vorstellen, denn für Sie ist, glaube ich, links und Intellektueller sein sehr nah beieinander – könnten Sie sich einen Linksintellektuellen vorstellen, der zum Terroristen wird?

Ja, das kann ich mir gut vorstellen.

Ich hätte jetzt erwartet, Sie hätten gesagt, das könnten Sie sich nicht vorstellen.

Doch, ich will es Ihnen näher erklären: Es gibt einen Linksintellektualismus, der an einem bestimmten Punkt aufhört, intellektuell zu sein, der sich also weigert, zu reflektieren. Es gibt in der Tat einen Punkt, wo eine gewisse Emotion die Ratio überschwemmt. Nichts gegen Emotionen; Emotionen sind nötig. Ohne Emotionen keine emanzipatorische Bewegung, ohne Emotionen keine Revolutionen! Die Emotionen müssen aber gleichwohl ständig durch die Ratio kontrolliert werden.

Nun gibt es Linksintellektuelle, ich kenne nicht wenig davon, die ihres eigenen Intellekts, sogar ihrer eigenen Bildung plötzlich müde werden, die sich den Anstrengungen der Selbstkritik nicht weiter unterziehen wollen und die sich von ihren zunächst einmal berechtigt gewesenen Emotionen nicht mehr lösen können und die nun etwas tun, was das Schlimmste ist, was wir aus der Psychologie kennen: diese Emotionen zu rationalisieren. Ich kann mir also sehr wohl einen Menschen, einen Linksintellektuellen vorstellen, der zum Terroristen wird. Allerdings hört er dann im Augenblick, da er grausam und unmenschlich wird, auf, sowohl intellektuell als auch links zu sein. Er hebt sich dann als Linksintellektueller selber auf.

Wie beurteilen Sie aus Ihrer Distanz zur Bundesrepublik und aus Ihrer gleichzeitigen Sicht auf die Bundesrepublik und auf andere Länder Westeuropas die politische und gesellschaftliche Situation in der Bundesrepublik heute, insbesondere unter dem Aspekt der Gewalt?

Sie wissen, daß ich nicht in der Bundesrepublik lebe. Ich bin auch nicht immer so gut informiert, wie man es eigentlich sein sollte, um da das Wort zu ergreifen. Aber ich bin nun auch nicht so weit weg, und ich reise häufig in die Bundesrepublik, so daß ich andererseits wieder eine gewisse Distanz habe und nicht Gefahr laufe, vor lauter Bäumen den Wald nicht mehr zu sehen. Also darf ich mich am Ende vielleicht doch äußern, und ich will es gar nicht vorsichtig tun.

Wie ist die Situation in der Bundesrepublik? Ich möchte das möglichst knapp formulieren. Wir haben in der Bundesrepublik eine kapitalistische, aber zu Reformen bereite Gesellschaft vor uns. Wir haben zugleich Relikte – und sie sind überdeutlich genug – des Nationalsozialismus. Wir haben keine authentische Linke – die SPD ist es nicht. Die SPD ist quasi – nicht ideologiefrei, ideologiefrei wäre gut –, sie ist theoriefrei und gedankenfrei. Sie sind alle hochintelligent, und der Bundeskanzler Schmidt ist gewiß ein hochintelligenter Mann. Aber der Gedanke ist für sie nicht das Wesentliche. Das Wesentliche ist für sie Effizienz. Es gibt in der SPD keine Persönlichkeit wie Mitterrand in Frankreich, der zugleich auch ein Intellektueller von hohen Graden ist.

Was die Relikte des Nationalsozialismus betrifft, so bin ich natürlich besonders empfindlich. Wenn ich Figuren sehe wie jenen Landesherrn aus dem Alemannenland, dessen Name ich gar nicht zu nennen brauche[16], dann bin ich zwar nicht, wie Heine um seinen, um meinen Schlaf gebracht, aber es ist mir dann doch nicht ganz geheuer, wenn ich höre, daß das französische Ehepaar Serge und Beate Klarsfeld – wobei Beate Klarsfeld eine Deutsche ist – festgehalten wurde, weil sie protestierten gegen den Bürgermeister einer deutschen Ortschaft, der einige 10 000 französische Juden mit auf seinem Gewissen hat. Dann läuft es mir kalt über den Rücken.

Ich unterschätze also diese nazistischen Relikte nicht. Ich sehe ihre Gefahren sehr deutlich. Ich gehöre aber dennoch nicht zu jenen, die ständig erklären, die Bundesrepublik sei ein faschistoider Staat und ein neuer Hitler stehe schon ante portas. Ich glaube, daß die Gegenkräfte stark genug sind. Es sind nicht unbedingt linke Gegenkräfte, es sind gelegentlich sogar konservative.

Dann wäre der Landesherr, den Sie eben nannten, vielleicht nur ein Phantom und kein Symptom für die Situation in der Bundesrepublik?

Das will ich hoffen. Also ein Phantom ist er jedenfalls. Daß er kein Symptom sei, das möchte ich gerne hoffen.

Haben Sie Gründe für die Hoffnung?

Ja, ich sehe diese Hoffnung immer wieder verkörpert durch junge Menschen, nicht durch jene, die möglichst laut brüllen und schreien und dann sagen, sie befänden sich in einem faschistoiden Staat, sondern jene zahlreichen, sehr zahlreichen, sehr vernünftigen jungen Menschen, die, wenn sie etwa den Hitler-Film sehen, dieses miserable Machwerk da, weder entzückt sind noch lachen, sondern nachdenklich werden.

Meinen Sie den Film von Joachim Fest?[17]

Den von Fest, natürlich.

Sie glauben, daß diese jungen Kräfte – nennen wir sie mal so, auch wenn sie älter sein sollten – Chancen sehen für eine gewaltfreie Gesellschaft?

Ich sehe diese Chancen in der Bundesrepublik durchaus als noch gegeben.

Welches sind die Bedingungen, unter denen das möglich ist? Welche Bedingungen müssen formuliert werden, um Humanität und Rationalität in der deutschen Politik zu ermöglichen oder möglich zu halten?

Also zunächst einmal würde ich sagen, eine Intellektualisierung der Intelligenzberufe. Ich weiß nicht, ob Sie mich jetzt richtig verstanden haben. Ich meine die deutschen bestallten Intelligenzler, die Ausübenden sogenannter Intelligenzberufe. Zum Beispiel Professoren. Sie waren in der Zwischenkriegszeit samt und sonders keine Intellektuellen, wollten es auch gar nicht sein. Sie waren zumeist hochqualifizierte Fachleute. Sie wollten nicht Linke im allgemeinen Sinne sein, sie wollten sich nicht mit allgemeinen Ideen befassen, sondern jeder wollte auf seinem Feld das möglichst Beste leisten, und das ist auch geschehen, sowohl in der Naturwissenschaft, als auch in Germanistik oder Romanistik oder was Sie wollen – während heute die Ausübenden der Intelligenzberufe zugleich auch Intellektuelle sind und es sein wollen und sich auch ihrer gesellschaftlichen Verpflichtungen bewußt sind. Wir haben heute Universitätslehrer in Deutschland, für mich ist Iring Fetscher beispielhaft, die nachdenklich sind, vernünftig, zu Reformen bereit, ohne sich zu verlaufen in irgendein paranoides Wahnsystem wie so manche andere.

Also, zur Immunität gegen Gewalttätigkeit in der Gesellschaft gehört die Intellektualität der Intelligenzberufe. Gibt es noch andere Daten, die man festmachen kann, was eine Gesellschaft immun macht gegen Gewalttätigkeit?

Politik und Moral

Es klingt jetzt etwas predigerhaft, was ich sage, aber vielleicht braucht man dann und wann einmal einen Prediger: Die Erziehung zur öffentlichen Moralität, so etwas hat es noch nie gegeben in Deutschland. Es gab eine Erziehung zur persönlichen Moralität: hervorragende Familienväter, auch Himmler soll ein guter Familienvater gewesen sein. Oder: Nazi-Größen waren loyale Freunde. Aber das endete an den Grenzen eines ganz winzigen Kreises. Was darüber hinausging, interessierte sie nicht mehr. Sie trugen ihr Gefühl für Moral nicht hinaus über ihren allerengsten Lebenskreis. Das Gefühl für öffentliche, republikanische Moralität ist aber zu erziehen, und es wurde schon dazu erzogen.

Glauben Sie, daß diese Entwicklung zur öffentlichen Moralität korrumpiert werden kann, etwa durch Politiker?

Politiker wollen immer versuchen, jedermann zu korrumpieren. Nicht, weil sie böse Menschen sind. Das liegt in der Natur der Dinge. Dies zu sehen, darf uns auch wieder nicht verführen etwa zu der Vorstellung, daß Politik an sich etwas Schlechtes sei und daß jeder Politiker korrupt sei. Es liegt zum Beispiel in der Natur der Dinge, daß jeder Anwalt, jeder Rechtsanwalt gelegentlich auch Anwalt des Unrechts ist. Wer ein notorischer Steuerhinterzieher ist, hat auch einen Rechtsanwalt, und dieser Rechtsanwalt ist da Anwalt des Unrechts. Das liegt in der Natur der Situation, und mit dieser Situation muß man irgendwie fertigwerden, und – um jetzt den Bogen zu schließen und zurückzukommen zur Politik – es liegt im Wesen der politisch-parlamentarischen Struktur, daß Politiker immer die Tendenz haben, die Intellektuellen zu korrumpieren. Wer sich korrumpieren läßt und dann sagt, nein, das ist eine Frage der persönlichen, der persönlichen moralischen Entscheidung – und da komme ich wieder zu meinem alten ursprünglichen Existenzialismus zurück –, eine Frage der intellektuellen und existentiellen Freiheit, in der ich einen Entschluß fasse.

Ich habe bei dem Beispiel der Korruption durch Politiker mehr an das Beispiel gedacht, das Politiker selber geben. Was heißt denn »öffentliche Moral«, wenn Politiker das Parlament oder die Öffentlichkeit belügen und durch ihr Verhalten das, was in einem Land politische Moral heißen kann, der Korrosion preisgeben?

Diese Gefahr besteht. Aber wir haben in der Demokratie als Erbschaft mitbekommen, daß das korrigierbar ist. Ich kann erkennen, daß ein Politiker korrupt ist, muß aber deshalb nicht resignieren. Ich kann es machen wie jene zwei Journalisten, die Nixon gestürzt haben.[18] Das war möglich. Das ist der entscheidende Punkt. Solange das möglich ist, ist auch keine Gewalt nötig.

Damit kämen wir wieder zum Thema Gewalt zurück. Solange zwei Journalisten in der Lage sind, einem »Gangster-Präsidenten« Einhalt zu gebieten, braucht man nicht zu resignieren und braucht man auch nicht zu sagen: »Alle Politiker sind ohnehin korrumpiert, da ist nichts zu machen, jetzt brauchen wir das ganze System nur umzustürzen.« Im Gegenteil, wahrnehmen müssen wir, wo immer es möglich ist, einzugreifen und uns dann auch einzusetzen.

Welche persönliche, welche öffentliche Moralität braucht man, um sich in einer solchen Situation dann auch tatsächlich einsetzen zu können? Öffentliche Moral, persönliche Moral? Welche Eigenschaft?

Ja, die fallen dann in eins. Das ist das Ziel dessen, wovon ich sprach: daß persönliche Moral und öffentliche Moral in eins fallen.

Wie würden Sie das jetzt inhaltlich benennen? Worauf kommt es an, wenn es darum geht, eine gewaltfreie Gesellschaft zu ermöglichen?

Das kann ich vielleicht an einem Beispiel, einem sehr primitiven Beispiel am besten definieren. Definitionen sind ja immer schlecht. Definitionen sind schwer. Eine Definition fordert die andere heraus, und der kann man dann wieder ebenso schlecht gerecht werden wie der ersten. Darum ziehe ich Exempel vor.

Vielleicht ist es so, daß wir uns sagen müssen, dieselben moralischen Maßstäbe, die ich für mich und meinen engsten Lebenskreis anlege, dieselben Maßstäbe muß ich auch im öffentlichen Leben gebrauchen. Das wäre schon sehr viel. Wenn ein Mensch sich sagt: Ich muß nicht nur Vater und Mutter ehren, auf daß es mir wohl ergehe, sondern ich muß den Mitmenschen Respekt entgegenbringen. Damit ist schon viel gewonnen. Das ist ein gedanklich einfacher, aber menschlich und psychologisch recht schwieriger Vorgang, zu dem wir uns selber erziehen müssen.

Schriftsteller von Beruf

Sie sind Philosoph, Sie sind Publizist, und Sie sind Schriftsteller. Was tragen Sie in ein Formular ein, wenn Sie gefragt werden, welchem Beruf Sie nachgegehen?

Schriftsteller. Philosoph kann man nicht sein, da kann man nur Universitätsprofessor sein. Ich würde mich selbst auch gar nicht als Philosophen bezeichnen, sondern als einen philosophierenden Schriftsteller. Es gab auch in der Philosophiegeschichte große philosophierende Schriftsteller, mit denen ich mich um Gottes willen qualitativ nicht etwa vergleichen möchte. Aber Schopenhauer[19] war etwa in diesem Sinn für mich eher philosophierender Schriftsteller als Philosoph, auch kleinere Leute wie Spengler[20] - kleiner im Vergleich zu Schopenhauer.

Ich nenne mich also einen philosophierenden Schriftsteller, trage selbstverständlich Schriftsteller ein, das ist ganz allgemein, das umfaßt alles vom Zeitungsartikel über das Funkmanuskript bis zur Niederschrift von Büchern.

Was kann ein Schriftsteller tun nach Ihrem Selbstverständnis?

Ein Schriftsteller kann Romane schreiben, er kann auch Verse schreiben.

Oder einen Zeitungsartikel?

Oder er kann Zeitungsartikel schreiben. Er kann einen politischen Aufruf unterschreiben, er kann auch eine politische Rede halten, die er natürlich vorher schriftlich konzipiert hat. Und er kann ein ungeheures Opus niederlegen, wie etwa die Thomas Mann'sche Joseph-Trilogie, um nur ein Beispiel zu nennen, oder »A la recherche du temps perdu« von Proust.[21] Es kann also sehr vieles zusammenkommen. Selbstverständlich kann ein Schriftsteller auch ein Dramatiker sein.

Es gibt keine beamteten Schriftsteller. Er kriegt kein Gehalt, er muß das Geld verdienen mit dem, was er schreibt. Sehen Sie darin eine Chance, sehen Sie darin eine Belastung?

Beides. Mit dem muß man irgendwie fertigwerden. Es ist sowohl Chance als auch Belastung. In meinem Leben war es so, daß ich zum Beispiel niemals einen Vorgesetzten hatte, noch nie. Das gibt ein ungeheures Gefühl von Freiheit. Andererseits mache ich mir über diese Freiheit keinerlei Illusionen, weil sie ökonomisch eingeschränkt ist, das heißt, weil ich eine Ware erzeuge, die ich in dieser Marktgesellschaft zu Markte tragen muß, wenn auch nicht direkt, das liegt mir gar nicht. Aber ich warte dann doch, bis der Markt – und sei es auch nur ein kleiner Markt – zu mir kommt.

Es ist sehr schwer, es kann prekär sein. Aber das ist der Preis der Freiheit. Das ist auch der Grund, warum ich nicht mehr dem deutschen Schriftstellerverband beitrat, als er sich an die Gewerkschaft anschloß. Ich gehörte ihm an und habe mich nicht mehr neu einschreiben lassen, als er ein Teil einer Gewerkschaft wurde. Der Schriftsteller ist schon irgendwie ein Außenseiter und kann auch gar nicht anders. Er sollte meines Erachtens auch gar nicht versuchen, sich gesellschaftlich zu integrieren. Er soll in diesem Sinne, also im funktionalen Sinne, gar kein nützliches Mitglied der Gesellschaft sein, sondern in einem ganz anderen Sinne.

In welchem Sinne? Was kann denn ein Schriftsteller bewirken? Kann er nur interpretieren oder kann er auch verändern?

Er kann enorm viel verändern. Zum Beispiel konnte ein Schriftsteller – nicht er allein, aber zu einem sehr großen Teil – die dritte Republik Frankreichs retten vor der Gefahr einer Militärherrschaft, die damals im Dreyfus-Prozeß bestand. Der Schriftsteller war Emile Zola, und er schrieb diesen Artikel »J'accuse«, von dem ich schon sprach. Er kann also enorm viel bewirken, ein Schriftsteller. Letzten Endes war auch Karl Marx ein Schriftsteller. Weiß Gott, was er bewirkt hat. Er kann schon die Welt verändern.

Aber das möchte ich gleich sagen: Er muß nicht im Dienste einer Weltveränderung stehen. Sehen Sie, es gab nach dem Krieg eine Zeit, wo das Wort Engagement, aus dem Französischen kommend, schon vor dem Krieg geprägt, den Schriftsteller festlegte auf das, was er zu tun habe. Du hast engagiert

zu sein, du hast an der Veränderung der Gesellschaft mitzuwirken oder an der Erneuerung, am Umsturz der alten Struktur. Ich glaube, das kann keine Verpflichtung für den Schriftsteller sein, sofern er sie sich nicht selbst auferlegt. Es muß so etwas in voller Freiheit geschehen.
Ich glaube, daß es beide Typen immer geben wird, den engagierten Schriftsteller, für mich verkörpert ihn Jean-Paul Sartre, der ja nicht nur Philosoph ist, sondern eben auch Romancier, Dramatiker, Pamphletist, Leitartikelschreiber war, alles was Sie wollen. Er kann sich aber auch praktisch nur mit sich selbst beschäftigen, wie das ein neuer österreichischer Schriftsteller, Thomas Bernhard[22], tut, auf eine sehr bedeutende Weise, auf eine sprachlich hochinteressante Weise – und wie das am großartigsten natürlich Marcel Proust getan hat, der ausschließlich nach innen horchte.

Denken Sie nach über die Wirkung, die Sie mit Ihren Veröffentlichungen ausüben? Ich frage das vor folgendem Hintergrund: Goethe hat gesagt, als er konfrontiert wurde mit der Wirkung, die sein »Werther« ausgelöst hat, eine Welle von Freitod, eine Freitodepidemie – nein, das interessiere ihn nicht, wenn jemand daraus diese Konsequenz ziehe. »Eh bien«, hat er gesagt. Würden Sie dieses »eh bien« auch für Ihre Arbeiten sagen? Hauptsache, ich habe es gut gemacht, der Rest interessiert mich nicht mehr?

Nein! Das würde ich nicht sagen. Denn ich selber betrachte mich ja als einen Engagé, und ich halte auch meine Arbeiten nicht für wichtig genug, um mich ganz auf sie zu stützen, mich ganz auf sie zurückzuziehen und der Gesellschaft ein stolzes »eh bien« entgegenzusetzen. Gerade was den Freitod anbelangt, wurde ich selbst der Situation gegenübergestellt, daß man mir vorhielt, ich hätte durch mein Buch über den Freitod junge Menschen, Studenten, dazu ermutigt, diesen Schritt zu vollziehen, weil irgendeiner einmal sich in einem Abschiedsbrief unter anderem auch auf dieses Buch bezogen habe. Ich weiß gar nicht, ob es stimmt, ich konnte es nicht kontrollieren. Das war in einer allgemeinen Diskussion, wo ich einen Gastvortrag hielt, aber das hat mich schon sehr beschäftigt. Und das hätte eigentlich auch Goethe beschäftigen sollen.

Übrigens ist diese Freitodepidemie nach dem »Werther«, wenn ich da ein kleines Wort noch ergänzend einfügen darf, sehr überschätzt worden. Die moderne Soziologie weiß, daß es nicht so schlimm war. Es haben sich da nicht junge Menschen massenweise aus unglücklicher Liebe – nach der Lektüre des »Werther« – getötet.

Als man mir das sagte, war ich schon sehr betroffen und fragte mich dann, war es eigentlich richtig, das zu schreiben? Ich bin heute zu der Überzeugung gekommen, daß es richtig war, das zu schreiben, weil ich nach gründlicher Reflexion und auch nach einschlägigen Gesprächen mit Psychiatern und Soziologen zu dem Ergebnis gekommen bin. Wäre es nicht mein Buch gewesen, dann wäre es eben irgendein Ausspruch von Nietzsche gewesen. Es gibt in der Literatur genügend Anhaltspunkte für einen Suizid.

Ich meine, der, der den Schritt getan hat, war innerlich prädestiniert dazu. Es ist ihm eben gerade dieses Buch in die Hände gefallen. Ich denke aber schon nach, frage mich zum Beispiel, ob manches, worüber wir uns unterhalten, was ich über die Gewalt gesagt habe, ob es richtig war, daß ich es so gesagt habe, wie ich es sagte. Ich tröste mich dann damit, daß ich schließlich nicht Böll bin und daß meine Wirkung nicht so weit geht wie die eines sehr, sehr populären und einer sehr breiten Leserschaft gewissen Autors.

Das ist vielleicht nur ein vorläufiger Trost, der nicht unbedingt immer zur Verfügung steht.

Ich wende mich an Sie, und das gehört auch zum Problem der schriftstellerischen Existenz. Ich glaube, es hat jeder Schriftsteller eine bestimmte Öffentlichkeit vor Augen. Er kann sich nicht an alle wenden, das ist völlig ausgeschlossen.

Welches ist Ihre Öffentlichkeit?

Ich wende mich ganz bewußt an eine ziemlich schmale Schicht ungefähr gleichgestimmter Menschen und auch – ich muß hinzufügen – gebildeter Menschen. Es mag mir den Vorwurf des Elitären eintragen, aber ich gehöre trotzdem nicht zu denen, die glauben, daß die Bildung, die man weitergibt, eine

Schranke sei. Im Augenblick, da man Bildung weitergibt, trägt man zur Demokratisierung des Wissens bei. Ich wende mich jetzt aber eher an eine gebildete Leserschaft mit dem Anspruch, sie zu weiterem Denken, Nachdenken anzuregen.

Sie meinen jetzt »gebildet« wahrscheinlich im Sinne einer philosophischen, literarischen Bildung?

Ja, Bildung hat überhaupt nichts mit irgendwelchen akademischen Graden zu tun.

Aber mit einer philosophischen oder literarischen Kenntnis?

Literarische Kenntnis, literarische Sensibilität und philosophische Fundamentalmentalität hat überhaupt nichts mit einem fachphilosophischen Studium zu tun. Es gibt Menschen, die niemals einen Hörsaal einer Universität von innen gesehen haben, die sich philosophische Fragen stellen, dann irgendwie auch zu philosophischen Büchern kommen und sich dann schon durchschlagen, auch ohne die Hilfe eines Lehrers. Wenn man einen Lehrer hat, um so besser! Aber dieser Lehrer muß nicht unbedingt ein Ordinarius sein.

Wie erklären Sie sich das gestörte Verhältnis zwischen den Schriftstellern in der Bundesrepublik und der Politik? Ist das nur so in der Bundesrepublik oder ist dieses Verhältnis auch in anderen Ländern nahezu ein Nichtverhältnis?

Im gewissen Sinne ist der Schriftsteller, nicht nur in der Bundesrepublik, sondern in jeder Gesellschaft, ein Außenseiter, außer in den sich sozialistisch nennenden Ländern, wo er, glaube ich, ein »Ingenieur der Seele«, also quasi ein Beamter ist. Wenn er diese staatserhaltende Beamtenfunktion nicht so erfüllt, wie man es wünscht, geht er seines Amtes verlustig, wie wir nur allzu gut wissen.

In den Gesellschaften, die wir hier kennen, ist der Schriftsteller eigentlich überall ein Außenseiter, allerdings in verschiedenen Graden. Deutschland hat noch keine große und lange währende demokratische Tradition und konnte darum seine Außenseiter noch nicht so weit integrieren, wie es am Ende vielleicht dann doch notwendig ist. Voll integriert werden sollen sie gar nicht, wie ich schon sagte. Aber ein bestimmtes Gefühl des Zur-Gesellschaft-Gehörens müssen Autoren, wenn sie sinnvoll und wirkungsvoll arbeiten wollen, gleichwohl haben. In Frankreich ist es ein bißchen anders. Es geht den Schriftstellern ökonomisch nicht besser; im Gegenteil, es geht ihnen sogar schlechter als in der Bundesrepublik, weil sie gewisse Märkte nicht haben. Die deutschen Schriftsteller zum Beispiel haben die Märkte der deutschen Medien. Dieser Markt ist in Frankreich viel enger. Aber es geht ihnen insofern unendlich viel besser, als sie a priori ein gewisses Ansehen genießen. Ein écrivain oder ein homme de lettre ist für einen Franzosen so gut wie ein professeur d'université. Er genießt aufgrund der Tatsache, daß er auf ein leeres Blatt etwas hinschreibt, was

Hand und Fuß hat, jenes Ansehen, das ihm das Gefühl gibt, er weiß, wofür und warum er spricht. Das ist in Deutschland noch nicht der Fall. Das hängt mit der demokratischen Entwicklung beziehungsweise der zu jungen demokratischen Entwicklung zusammen. Wieviel Demokratie hatten wir denn? Die Weimarer Republik zähle ich gar nicht mit, denn die staatserhaltenden Kräfte der Weimarer Republik waren antirepublikanisch. Die Justiz war antirepublikanisch. Ein ungeheurer Teil der Universitätslehrer war ausgesprochen antirepublikanisch. Republikanisch waren gerade die paar Linksintellektuellen, die die »Weltbühne«[23] geschrieben und gelesen haben, und das waren gar nicht so viele. Die Bundesrepublik hat also eine Tradition, die ungefähr 30 Jahre alt ist. Das ist noch zu wenig.

Der Schriftsteller und die Politik

Ich sehe noch nicht ganz, warum die Länge der demokratischen Tradition etwas damit zu tun haben soll, ob Schriftsteller für die politische Öffentlichkeit eine zentrale oder zumindest wichtige Rolle spielen. Ich weiß nicht, ob es etwas mit der Dauer der Demokratie zu tun hat, wenn ein Bundeskanzler die Schriftsteller »Uhus und Pinscher« nennen kann.

Ich glaube schon. Ich glaube, es denkt sich etwas Ähnliches in Frankreich auch der oder jener, er wagt es aber nicht zu sagen. Er würde sich unmöglich machen, wenn er es sagte. Das hängt nun wieder doch mit der Dauer der Demokratie zusammen. Denn mit der Dauer des demokratischen Bewußtseins verankert sich auch im allgemeinen Wertgefühl der Wert des Wortes und der Rede. Die Rede hat in Frankreich, wie übrigens auch in Italien, eine völlig andere Funktion als in Deutschland. Ich brauche nur eine Sitzung der Assemblée Nationale, des Parlaments in Paris, mit einer Bundestagssitzung zu vergleichen – wobei ich gar nicht sagen möchte, daß es nicht auch im Bundestag sehr kluge Köpfe gibt und nicht auch gute Sprecher –, aber das Niveau der Eloquenz, die Genauigkeit des Stils, allenfalls auch das Pathos, das republikanische Pathos, das ist in Frankreich viel anspruchsvoller und wird auch von der Bevölkerung mehr gewürdigt. Demokratie und Wort gehören zusammen. Das hat nicht nur Thomas Mann im »Zauberberg« gesagt.

Können Sie sich vorstellen, daß ein Schriftsteller politisch handelt und anfängt, selber ein politischer Täter zu werden?

Das kann ich mir vorstellen. Aber dann übt er zwei Tätigkeiten aus. Das läßt sich unter Umständen miteinander verbinden. Dann übt er aber zwei Tätigkeiten aus, die nicht unbedingt zusammengehören. Er muß als aktiver Politiker gewisse Zwänge des Lavierens, der Diplomatie beachten, Vorsicht- und Rücksichtnahme auf den und jenen und ein gewisses Gefühl für Machtverhältnisse haben, was alles der Schriftsteller gar nicht haben soll. Der Schriftsteller soll sich über diese Machtverhältnisse hinwegsetzen und sagen: Ich werfe jetzt dieses Wort in die Waagschale und ich will, daß dieses Wort Macht werde. Wenn ein Schriftsteller in die Politik geht, dann kann es ihm unter Umständen gelingen, zwei Berufe auszuüben, einerseits Politiker und andererseits Schriftsteller. Es bleiben aber zwei verschiedene Berufe. Ich fürchte, er wird, wenn er ein guter und erfolgreicher Politiker ist, à la longue kein sehr guter Schriftsteller mehr sein. Wenn er weiter ein sehr guter Schriftsteller bleibt, wird er kein erfolgreicher Politiker sein können.

Noch eine Frage zur Rolle des Schriftstellers in der Demokratie: Sie haben einen Aufsatz geschrieben mit dem Titel »Der politische und der politisierende Schriftsteller«. In diesem Begriffspaar »politisch und politisierend« liegt ein Problem.

In der Tat. Unter einem politischen Schriftsteller verstehe ich einen Autor – es sind zumeist Erzähler und sogar im engeren Sinne Romanciers, die sich mit ihrem Werk in den Dienst der öffentlichen Sache, die dann immer auch eine Sache der Menschheit ist, stellen. Große politische Schriftsteller hatte Frankreich, Zola zum Beispiel.

War Heine ein politischer oder ein politisierender Schriftsteller?

Heine war selbstverständlich ein politischer Schriftsteller. In der Weimarer Republik, wenn wir jetzt auf Deutschland zurückkommen wollen, gab es in meinen Augen zwei große bedeutende Schriftsteller, von denen der eine, wie ich glaube, überragend war, nämlich Heinrich Mann, und der andere, von etwas geringerem Format, Lion Feuchtwanger. Sie stellten sich wirklich in den Dienst der öffentlichen Sache, des Fortschritts, den ich niemals in Anführungszeichen gesetzt haben möchte, wie das jetzt in Frankreich zum Usus wird.

Und wie ist es in der Bundesrepublik jetzt?

Da sehe ich keinen wirklich großen politischen Schriftsteller. Aber jetzt müssen wir sehr vorsichtig sein. Grass ist in meinen Augen ein großer Schriftsteller, wahrscheinlich, neben Uwe Johnson, den ich auch sehr hoch schätze, der größte, den Deutschland hat. Er ist zugleich ein Mann, der politisch Position bezieht. Das heißt, der Staatsbürger Günter Grass tritt wie der Staatsbürger Hans Müller politisch an die Rampe und gibt Bekenntnisse ab, wobei es ganz klar ist, daß Grass sein Prestige als großer Schriftsteller zugute kommt und seinem Wort ein ganz anderes Gewicht gibt, als es das Wort des Hans Müller hat. Grass ist dennoch nicht in dem Sinne ein politischer Schriftsteller, wie Zola es war, weil das

Politische nicht absolut in sein Werk eingeht beziehungsweise vom Werk nicht vollkommen assimiliert wurde.

Wie würden Sie Ihr eigenes Werk beurteilen? Sind Sie ein politischer Schriftsteller? Politische Daten durchziehen insbesondere Ihre Essays immer wieder. Es finden sich Namen von Politikern, es finden sich politische Situationen, es finden sich Stellungnahmen.

Ja, ich bin sicher ein politischer Schriftsteller. Wir dürfen aber nicht vergessen, daß bei mir die Situation völlig anders liegt als bei den Autoren, die ich genannt habe, weil ein großer Teil desssen, was ich geschrieben habe, essayistisch ist und ich nicht in die Lage kam, mein politisches Denken in episches Material verwandeln zu müssen. Ich konnte meine politischen Aussagen als solche hinstellen. Eine gewisse Transformation findet – so hoffe ich es – auch in meinen Arbeiten statt. Es gibt überhaupt nichts, was Sprache ist, das nicht einem Transformationsprozeß unterlegen wäre.

Vielleicht gibt es auch nichts, was Sprache ist und völlig apolitisch wäre. Ist Sprache als öffentliche Äußerung nicht immer schon in irgendeiner Form politisch? Wenn sie apolitisch sein wollte, wäre es gerade dadurch auch eine politische Position.

Das kann man so sagen, wiewohl mit Einwänden. Wie machen wir es denn mit all den Lyrikern, die wir haben. Was machen wir mit Mörike zum Beispiel, Mörike, der mir besonders am Herzen und an der Seele liegt. Das war ein Mann, dem alles Politische fremd war. Er lebte in einer nicht politischen Welt.

In seinem Selbstverständnis, gut. Aber wie ist es mit seiner Wirkung?

Man kann nicht von seiner politischen Wirkung sprechen, im Gegensatz zu Gottfried Keller, da ist wieder eine politische Wirkung da.

Ist nur die unmittelbare politische Wirkung eine politische Wirkung?

Ja, was nennen wir nun politisch? Wenn Sie von einer allgemein gesellschaftlichen Wirkung sprechen, so hat natürlich auch Mörike darin seinen Platz oder E.T.A. Hoffmann oder Jean Paul oder wen immer Sie als Beispiel nennen. Es gibt aber Temperamente, die keine politischen sind. Jetzt muß ich nochmals Proust anführen. Proust war nun wirklich kein politischer Schriftsteller und war trotzdem ein ganz großer. Er war auch kein Verweigerer. Aber selbstverständlich haben wir durch Proust gewisse Einsichten in die Struktur der französischen Gesellschaft vor dem Ersten Weltkrieg gewonnen, wie wir sie ohne ihn nicht gewonnen hätten. Er war also ein politischer Schriftsteller contre cœur, gegen seinen eigenen Willen. Das Werk hat politisch weitergewirkt. Aber es sind so viele, so zahlreiche andere, mit denen man politisch wirklich nichts anzufangen wüßte.

Aber wenn Sie sagen: gesellschaftlich ja, politisch nein, dann werde ich natürlich fragen: Kann man das Gesellschaftliche vom Politischen trennen? Ist nicht das Gesellschaftliche die Substanz des Politischen?

Ja, nur ist gesellschaftlich hier von mir als Oberbegriff gedacht. Wenn ich sage gesellschaftlich, meine ich das Gesamt des Zusammenseins und des Kommunizierens von Menschen. Und da hat natürlich auch die Lyrik, meinetwegen auch die Mörike-Lyrik, ihren ganz bestimmten Platz und ihre ganz bestimmte Wirkung. Es findet ein Rückzug aus dem Politischen statt, es ist eine offenbare, allen einsichtige Erscheinung, daß man sich nun orientiert an Leuten wie Mörike. Dann wäre diese Berufung auf Mörike ein politisches Verhalten in der Verweigerung – da würde ich Ihnen dann vollkommen recht geben. Dann hätte geschichtlich auch Mörike seinen ganz bestimmten politischen Ort.

Ein Ort, von dem aus dann natürlich eine Vermittlung zwischen Politik und Schriftstellerei kaum noch möglich wäre. Wir waren davon ausgegangen, daß dieses Verhältnis gestört sei, daß im Prinzip aber ein Verhältnis möglich sei. Nicht nur, daß der eine sich auf den anderen beruft oder der eine im Dienst des anderen steht, sondern daß tatsächlich ein gemeinsames Forum, eine gemeinsame Basis für Kommunikation im Prinzip möglich ist.

Darf ich jetzt einmal mit einer Gegenfrage antworten? Ist es denn wirklich so sehr gestört in Ihrem Lande? Sehen Sie, ich wohne nicht in Ihrem Lande. Ist es denn wirklich so sehr gestört, das Verhältnis von Politik und Schriftstellerei? Ich finde eigentlich nicht. Es ist noch nicht so wie in Frankreich. Aber langsam beginnen doch die Schriftsteller, ihren Ort in der Gesellschaft zu finden. Da komme ich wieder zurück auf die Dauer der Demokratie. Wir sind heute schon weiter als zu Erhards Zeiten. Wir sind noch nicht so weit wie Frankreich oder Italien, aber wir sind weiter als zu Erhards Zeiten.

Sicherlich, die Schriftsteller werden eingeladen zu Festen, sie werden zum Teil sogar subventioniert. Trotzdem beschränkt sich der Kontakt, glaube ich, auf die Spitze, auf die höchste Prominenz unter den Schriftstellern und die hohe Prominenz unter den Politikern. Politik findet aber auch auf der Ebene der Länder, auf der Ebene von Bezirken und Unterbezirken statt. Da sind Menschen am Werk, die von Intellektuellen und Schriftstellern nicht nur nichts wissen wollen, sondern auch nichts wissen. Das würde ich als gestörtes Verhältnis bezeichnen.

Es ist gestört oder – würde ich vielleicht sagen – es ist noch kein Verhältnis. Denn wenn Sie sagen, gestört, setzt das voraus, daß schon eines bestanden habe. Es ist jedoch ein Nichtverhältnis, das aber morgen zu einem werden kann. Das ist dann schließlich eine allgemeine volkspädagogische Frage.

Die Furcht des Politikers vor dem Schriftsteller

Der Schriftsteller wird doch auf der einen Seite gefürchtet, weil man seine Wirkung vielleicht sogar viel zu hoch einschätzt, vielleicht aber auch, weil man seiner nicht ganz sicher ist und nicht weiß, ob nicht immer wieder ein Hochhuth[24] irgendeine Akte findet und publiziert und verwertet. Ich glaube, daß gerade am Beispiel Hochhuth deutlich zu erkennen ist, daß weite Bereiche der Politik den Schriftsteller fürchten oder ihn nicht ganz zuverlässig finden, weil sie ihn nicht für loyal halten, wenn man in parteipolitischen Kategorien denkt. Kann man des Schriftstellers ganz sicher sein?

Nie, nein.

Man weiß nie, wen er gerade ins Bein beißt?

Das soll auch so sein. Es wäre schrecklich, wenn man sich auf den Schriftsteller verlassen könnte.

Das kommt auf das Rollenverständnis an.

Natürlich, das wäre nun das Ende der im eigentlichen Sinne freien Schriftstellerei, wenn der Schriftsteller ein Mann wäre, der loyal sein müßte. Um Gottes Willen, wem gegenüber? Verantwortlich ist er zunächst einmal seinem Gewissen. Sein Gewissen aber ist das Produkt seiner moralischen Selbsterziehung, seiner Selbsterziehung zum Mitmenschen. Es besteht darin, daß er sich selbst dazu erzieht, Mitmensch zu sein. In zweiter Linie muß er oder sollte er, würde ich meinen, loyal sein gegenüber gewissen für mich statischen Werten. Ich glaube, daß wir zurückkommen müssen zu gewissen statischen Werten. Gerechtigkeit, Wahrheit, das sollen statische Werte bleiben, und diesen Werten soll der Schriftsteller verpflichtet bleiben gegen Wind und Wetter. Ich übersetze es in das Französische: »contre mort et mérite«. Das ist seine wesentliche Loyalitätsverpflichtung. Er soll, kann doch um Gottes Willen nicht einer Partei verpflichtet werden. Was kommt, was käme denn da raus? Grass zum Beispiel weiß ganz genau, wo seine Parteiverpflichtung endigt. Der Staatsbürger Günter Grass wird weiter ein wakkerer Sozialdemokrat sein. Aber der Schriftsteller Grass ist kein sozialdemokratischer Schriftsteller.

Ist er ein demokratischer Schriftsteller?

Er ist ein demokratischer Schriftsteller.

Die Demokratie würde dann zu dem Statischen gehören, unabhängig von geschichtlichem Wandel und unabhängig von Wind und Wetter?

Ja, Demokratie verwirklicht jene Werte, von denen ich sprach. Es sind eigentlich sehr wenige: Freiheit, Gerechtigkeit, Wahrheit und Vernunft. Der Vernunft-Begriff, der nun so sehr in Mißkredit geraten ist, weil man ihn mit platter instrumenteller Vernünftigkeit verwechselt hat, der ist nun wieder zu rehabilitieren. Der gehört nämlich zu den Werten, die in der Demokratie verwirklicht sind. Und das ist die Loyalitätsverpflichtung des Schriftstellers.

Der Jugendroman und die Essays

Sie sind Schriftsteller, seit wann sind Sie es?

Wenn Sie es als Beruf nehmen, als Erwerb, bin ich es seit 1945. Wenn Sie es als Berufung ansehen wollen, seit meinem 16. Lebensjahr, das war 1928. Da ist meine erste Arbeit gedruckt erschienen. Es war eine Erzählung, eine Schülergeschichte natürlich, ein bißchen unter dem Einfluß von Hermann Hesses »Unter'm Rad« und Emil Straußens »Freund Hein«.

Wissen Sie noch, wie diese Erzählung hieß und wo sie erschienen ist?

Dieses Periodikum, das längst nicht mehr existiert, hieß »Der Wiener Bote«. Der Titel war, wenn ich mich recht erinnere, »Der Schüler Hauser wird zum Herrn Direktor gerufen«.

Wie ging die schriftstellerische Berufung weiter?

Ich habe dann eigentlich immer geschrieben. Meinen ersten Roman, der nicht erschien, glücklicherweise, habe ich mit 22 Jahren begonnen, mit 23 Jahren fertiggestellt. Er hieß äußerst großsprecherisch »Die Schiffbrüchigen«. Ich wollte ihn Thomas Mann zur Beurteilung einschicken, weil ich dachte, das sei ein so großartiges Werk, das könne nur Thomas Mann überhaupt richtig würdigen. Thomas Mann schrieb mir sehr herzlich zurück mit den mir unvergeßlichen Worten: »Haben Sie bitte Nachsicht mit meinen nicht für alles ausreichenden Kräften und wenden Sie sich doch in Ihrer Stadt an jemanden. Es gibt dort Robert Musil, einen feinsten Künstler und Kenner.« Robert Musil bescheinigte mir, daß dieser Roman recht begabt sei, wenn er auch noch gewisse Unreifen zeige. Ich finde, daß Robert Musil überaus freundlich, allzu freundlich zu mir war. Denn wenn ich den Roman jetzt lese, steigt mir, wie man auf österreichisch sagt, »die Krausbirne auf«, dann läuft es mir kalt über den Rücken.

Sie sind dann lange Zeit von Romanen abgekommen und haben erst sehr viel später wieder einen Roman-Essay geschrieben.

Das hing mit meinem äußeren Schicksal zusammen. Also dieser Jugendroman »Die Schiffbrüchigen«, der wäre unter normalen politischen Umständen ganz gewiß in Österreich oder in Deutschland erschienen. Es war ein unreifes Jugendwerk, wie so viele andere auch, aber es wäre ganz bestimmt erschienen. Ich hatte allen Anlaß, es zu glauben. Es war nicht nur Musil, der mir freundlich Begabung bestätigte, sondern sehr viele andere auch. Nun war es aber so, daß ich Sozialist war und als solcher natürlich Persona non grata im kleriko-faschistischen Österreich. Von Deutschland war natürlich überhaupt keine Rede, weil ich nicht dem Ariergesetz entsprach.

In Deutschland erschien dann Ihr erstes Buch, mit dem Sie mit einem Schlag bekannt wurden, relativ spät erst, nämlich 1966, »Jenseits von Schuld und Sühne«. Das war nun eine ganz andere Form der literarischen Äußerung als das, was vorausgegangen war. Bei dieser Form sind Sie dann auch lange Zeit geblieben.

Wie es zu der Form kam, das erfordert allerdings noch eine gewisse Erläuterung. Ich habe nach 1945, als es darum ging, mein Brot zu verdienen, gleich begonnen zu schreiben, und zwar das, was der Markt erforderte und für einen Markt, für den ich bereit war zu schreiben. Das war nicht die Bundesrepublik – 1945 war es noch keine Bundesrepublik. Rund 20 Jahre habe ich ausschließlich für die

Schweiz geschrieben. Ich schrieb über eine Agentur alles, was man von mir verlangte und wofür ich bereit war zu schreiben.

Zuneigung zu Marilyn

In Zeitungsartikeln, Zeitschriftenartikeln – die Spannweite war ungeheuer. Eines Tages rief mein Agent mich an und sagte: »Können Sie in zwei Tagen etwas über Pascal[25] schreiben?« – »Natürlich kann ich etwas über Pascal schreiben.« Zwei Tage später rief er mich an und sagte: »Können Sie etwas über den Tod von Marilyn Monroe[26] schreiben?« Ja, das konnte ich auch, zumal ich Marilyn Monroe ganz besonders gern hatte.

Haben Sie sich schon vor diesem Auftrag mit ihr beschäftigt?

Ich habe alle ihre Filme gesehen. Sie war meine Lieblingsschauspielerin, von einer Weiblichkeit und einer Liebenswürdigkeit, wie ich sie seither im Film nie wieder gesehen habe. Sehr im Gegensatz zu anderen Schauspielerinnen, die für mich völlig uninteressant waren, wie Brigitte Bardot. Über die hätte ich auch gar nichts geschrieben.

Ich war also ein Handwerker der Literatur, nicht einmal der Literatur, ein Handwerker der Journalistik, der gehobeneren, auch der mittleren, gelegentlich auch der sehr gehobenen. Ich habe zum Beispiel auch eine Serie über Gerhart Hauptmann[27] geschrieben in einer bekannten schweizerischen Wochenschrift, eine Serie, die später auch als Buch erschien.

Wie arbeiten Sie?

Ich habe meinen Beruf damals als Handwerk aufgefaßt. Ich dachte, aus meiner schriftstellerischen Laufbahn, wie ich sie mir in meiner Jugend vorgestellt hatte, sei nun eben infolge der äußeren Umstände nichts geworden. Für Deutschland wollte ich nicht schreiben. Ich bin auch nie nach Deutschland gefahren, immer nur durchgefahren, wenn ich mit dem Wagen oder der Bahn nach Österreich fuhr. Ich wollte mich niemals aufhalten, ich wollte nicht einmal in Deutschland übernachten. Ich bin von da bis Salzburg in einem Zug runtergefahren, ohne in Deutschland zu übernachten.

Der Rundfunk als Mäzen

Später gibt es in einem Ihrer Bücher ein Kapitel »Expeditionen jenseits des Rheins«. Darin spiegelt sich die Annäherung an Deutschland. Wie ist das gekommen? Oder zunächst einmal: Haben Sie sich da schon von der Seele geschrieben, was 1966 erschien? Oder haben Sie »Jenseits von Schuld und Sühne« erst sehr viel später geschrieben?

Das habe ich erst 1964 geschrieben. Die Schlüsselfigur für meine ganze schriftstellerische Existenz war Helmut Heißenbüttel, einer der deutschen Autoren, die ich literarisch und menschlich ganz besonders schätze und mit dem mich so etwas verbindet wie Freundschaft. Man hat ja nicht mehr viele Freunde; in späteren Lebensjahren macht man nicht mehr so leicht Freunde wie in der Jugend.

Ich bin Helmut Heißenbüttel durch einen reinen Zufall begegnet. Es war von meiner Seite aus »Liebe auf den ersten Blick«. Er sagte mir dann gesprächsweise: »Ich bin nicht nur Lyriker, ich bin auch Redakteur einer Funkanstalt, nämlich des Süddeutschen Rundfunks. Möchten Sie nicht mal für mich etwas schreiben?« Ich sagte, fast provokatorisch – es war 1964, es lief gerade in Frankfurt der große Auschwitz-Prozeß: »Das einzige, was ich für Sie schreiben könnte, wäre etwas über meine Erfahrungen mit Auschwitz und über meine Existenz als – das Wort will gar nicht über meine Lippen – als Opfer.« Ich sage es ungern, es gibt da und dort Leute in Deutschland, die sagen, der Améry hat sich zu einem Berufsopfer gemacht, was nicht stimmt. Aber feinen Leuten, wie den Kritikern, fällt immer etwas Liebenswürdiges ein.

Das war dann »Der Bewältigungsversuch eines Überwältigten«.

Das war eine Funkserie, die ich für Heißenbüttel schrieb und die erschien als Buch in einem Verlag, den es nicht mehr gibt, Sczesny, mit dem mich auch eine recht herzliche Beziehung verband. Damit trat ich gewissermaßen als hoffnungsvoller Anfänger von 52 Jahren auf die deutsche literarische Bühne.

Für die Arbeiten, die mit »Jenseits von Schuld und Sühne« begannen und die dann in der Folgezeit herauskamen, ist, wenn ich das richtig sehe, sehr charakteristisch die enge Verbindung Ihrer Biographie mit den Themen Ihrer Arbeiten. Sie haben sich selbst sogar die selbstkritische Frage gestellt, ob das nicht nahe am Narzißmus oder Exhibitionismus sei. Begann die Verbindung von Biographie und Arbeit mit »Jenseits von Schuld und Sühne« oder war das vorher auch schon so in den Schweizer Arbeiten?

Nein. Mit den Schweizer Arbeiten hatte das gar nichts zu tun. Das war, wie gesagt, Gerhart Hauptmann[27], Pascal[25], Marilyn Monroe[26], das Atlantische Bündnis – ich habe auch mal einen politischen Artikel geschrieben und gesagt, daß ich niemals politisch auch nur die geringste Konzession gemacht habe. Weil sie mir in der Schweiz einmal den Vorwurf machten, ich sei – wie man das auf neu-deutsch nennt – linkslastig. Da habe ich meinem Agenten zurückgeschrieben: »Entweder man nimmt meine Artikel so, wie sie sind, und kauft sie so, wie sie sind, oder man kauft sie nicht mehr, dann kann ich mir auch nicht helfen.«

Nein, das war eine Katharsis, dieses Buch »Jenseits von Schuld und Sühne«, alles Verdrängte kam wieder hoch und wurde nun geistig durchgearbeitet.

Ich glaube, Heißenbüttel hat das mal so benannt, daß für Sie Lebensgeschichte ganz konsequent Geistesgeschichte ist.

Das ist ein sehr schönes Wort eines sehr schönen Aufsatzes, den Heißenbüttel so freundlich war, über mich zu schreiben. Ich kann nur hoffen, daß es so sei.

Trotzdem die Frage: Warum verbanden sich Biographie und Arbeit so eng miteinander? Es war doch mehr als das Interesse an sich selbst. Das hatten Sie doch mit 52 Jahren gar nicht mehr nötig, ein Interesse für die eigene Person zu entwickeln.

Ja, es war das Interesse an der Zeit. Es war eine interessante Epoche.

Sie haben sich Zeuge und Täter genannt in dieser Zeit.

Ja, ich war beides. Ich war in der Tat beides. Ich war immer eng verklammert mit dem Zeitgeschehen, von Beginn an: vom faschistischen Österreich bis zum Nazismus und zur Illusion der Befreiung nach 1945, es war nur eine Illusion. Wir glaubten damals alle, als wir herauskamen aus dem Untergrund, aus der Résistance, wir glaubten alle, nun wären wir dran und würden die neue Welt schaffen. Die Welt wurde ganz woanders geschaffen.

Zeuge und Täter

Insofern waren Sie eher Zeuge als Täter?

Ich war eher Zeuge als Täter. Täter war ich immerhin ganz früher schon, 1934, als ich beim Aufstand des Republikanischen Schutzbundes[28] in Österreich an allerbescheidenster Stelle beteiligt war, indem ich Waffen transportierte und Waffen bei mir verbarg, bis zu meiner wiederum ganz bescheidenen und anonymen Tätigkeit in der Widerstandsbewegung.

Ja, das hatte ich eben ausgenommen, weil ich die Zeit nach 1946 im Blick hatte. Vorher waren Sie Täter und einer, mit dem etwas getan worden ist.

Es ist mehr mit mir getan worden, als ich getan habe: Das lag in der Natur der Dinge.

Ist das für Sie heute noch zeitweilig Gegenwart, träumen Sie noch von dieser Zeit?

Gegenwart ist es schon. Ich träume nicht, das heißt, ich habe es in der Tat bewältigt durch Reflexion. Es ist für mich keine Belastung mehr. Es hat für mich nichts Bedrängendes oder Beschämendes mehr, denn selbstverständlich war ich auch in beschämenden Situationen. Der Gestapo gegenüber war ich keineswegs ein Held.

Wenn es länger gedauert hätte mit der Tortur[29], hätte ich zweifellos alles preisgegeben, was ich wußte. Glücklicherweise habe ich sehr wenig gewußt. Täter bin ich dann geworden, als ich die Möglichkeit hatte, mich schriftlich den Deutschen gegenüber zu äußern, als Autor. Ein Autor ist immer ein Täter. Er kann auch Unheil anrichten. Ich hoffe, daß ich kein Unheil angerichtet habe.

Aber ich muß hinzufügen, daß ich nicht nur darauf wartete, daß ich innerlich mit dem Auschwitz-Erlebnis, mit der totalen Entmenschung, die ich erfuhr, fertig wurde, sondern wartete, daß in Deutschland eine andere Generation heranwuchs, mit der ich wiederum eine Möglichkeit der Verständigung fand. Es ist, ganz grob gesprochen, so, daß auf einmal Leute da waren, die viel jünger waren als ich, wo ich nicht immer wieder fragen mußte: »Was hast du in dieser Zeit getan? Warst du einer meiner Mörder oder Mitmörder oder Mörder durch dein Schweigen?«

Die deutsche Sprachwelt

War diese Hoffnung auf die Jüngeren der Grund, daß Sie in späteren Jahren sich eben doch wieder dem deutschen Sprachraum, auch in Ihrer Arbeit, zugewandt haben?

Es war nicht der einzige Grund. Ein wesentlicher Grund war auch der, daß ich entdeckte – ich hatte dann und wann auch mal französisch geschrieben –, daß die tiefsten Sprachschichten in mir doch deutsch waren. Sie sind auch deutsch geblieben bis heute, wo ich viel mehr französisch spreche als deutsch und viel mehr französisch lese als deutsch. Aber nur diese ganz tiefen Sprachschichten, in die ich hinabzusteigen habe, erlauben mir, mich schriftstellerisch zu verwirklichen.

Haben Sie jemals daran gedacht, wieder in den deutschen Sprachraum zurückzuziehen und dort zu leben, in Deutschland oder Österreich?

Nein, Deutschland ist für mich eine Sprach- und Bildungswelt. Das sind die Gedichte, die mir vor dem Einschlafen einfallen, die ich auswendig weiß. Ich wäre wahrscheinlich noch heute in der Lage, aus dem Kopf eine kleine Anthologie deutscher Lyrik zusammenzustellen. Es ist also ein geistiger Raum.

Und der ist für Sie unabhängig vom territorialen Raum und den Menschen, die dort leben?

Vom territorialen Raum und den Menschen, die dort leben, ja. Mit Ausnahme jener wenigen Menschen, mit denen mich etwas verbindet und die ich immer sehr gern wiedersehe. So, wenn ich zur Tagung der Akademie der Künste nach Berlin fahre, dann fühle ich mich mit Johnson oder Grass und anderen Kollegen, die ich dort treffe, ganz unbefangen. Aber das Deutschland, das sich für mich immer wieder personifiziert in jenen Herren, mit denen ich im Flugzeug oder im TEE sitze und die dann wie die Wahnsinnigen ein Attaché-Case öffnen und sofort Berechnungen anstellen und etwas schreiben oder auch Gespräche führen, in denen es heißt, daß sie in dem und dem Geschäft richtig zu liegen gekommen sind und daß sie da und dort »eingestiegen« sind – also, mit diesem Deutschland habe ich nichts zu tun und will ich nichts zu tun haben. Darum kommt eine Übersiedlung nach Deutschland oder eine Rückkehr nach Österreich, denn auch Österreich hat sich verwandelt, natürlich nicht mehr in Frage.

Sie haben eben etwas gesagt, was mich fasziniert: daß Sie in der Lage wären, aus dem Kopf eine Anthologie deutscher Lyrik zusammenzustellen. Mich bringt das auf die Frage nach Ihrer Arbeitsweise. Wie arbeiten Sie, wenn Sie schreiben? Schreiben Sie mit der Hand oder mit der Maschine? Spielt Ihr Gedächtnis eine große Rolle, oder haben Sie einen großen Park von Büchern, aus denen Sie heraus dann zitieren und die literarischen Reminiszenzen entnehmen, die Ihre Arbeiten durchziehen?

Ich schreibe mit der Maschine. Das Klappern inspiriert mich. Außerdem schreibe ich ziemlich lange Perioden, und die muß ich gut übersehen können, sonst finde ich am Ende das Verbum nicht mehr. Was nun die Bibliothek angeht, ist es leider so, daß ich ein ganz unsystematischer Arbeiter bin. Das große Nachsehen in Büchern und lexikalischen Werken enerviert mich vollkommen und nimmt mir jede Unbefangenheit. Ich zitiere fast, und das Zitat spielt in all meinen Arbeiten eine große Rolle. Es sind immer wieder verwandelte, paraphrasierte Zitate da oder auch Zitate, die ich wirklich gern niederschreibe, die ich aber niemals als solche kennzeichne. Die hole ich mir aus meinem Gedächtnis. Ich habe glücklicherweise bis heute das, was man freundlicherweise ein ungewöhnlich gutes Gedächtnis nennt. Ich bin imstande, Prosastellen, ja ganze Absätze zu zitieren, nicht nur meine Lieblings-Autoren Proust und Thomas Mann, sondern auch aus Hamsun, aus Mörike, aus Heine, aus Eichendorff. Aber auch weiter zurück aus Schiller, dem Autor, der mich stark beeindruckt hat und den ich noch immer mit größtem Interesse lese.

Goethe spielt für Sie eine bemerkenswert geringe Rolle, ist das richtig?

Ja, ich bin kein Goetheaner. Was mir am nächsten steht im Umkreis Goethes, das ist die »Lotte in Weimar« von Thomas Mann. Es gibt auch andere große Autoren, zu denen ich kein Verhältnis habe, zum Beispiel zu Gide[30].

Der läßt mich ganz kalt. Es hängt vieles auch natürlich von Zufällen ab. Für Goethe hatte ich vielleicht nicht den richtigen Lehrer, ich weiß es nicht.

Von Hitler zum Juden ernannt

Erlauben Sie eine vielleicht absurde, zumindest scheinbar absurde Frage. Ich habe Sie eben gefragt: »Seit wann sind Sie Schriftsteller?« und würde Sie jetzt gern fragen: Seit wann sind Sie Jude?

Seit Hitler bin ich Jude. Hitler hat mich als Juden erfunden. Ich habe meinen volljüdischen, glaubensjüdischen, allerdings nicht praktizierenden Vater kaum gekannt.

Ihr Vater ist im Ersten Weltkrieg gefallen, und Sie waren fünf oder sechs Jahre?

Er ist an der italienischen Front gefallen. Ich war viel jünger, vier Jahre war ich. 1916 ist er gefallen. Ganz dunkle Erinnerungen: Er war zwar größer als ich, aber keineswegs riesig. Als er in Uniform auf Urlaub kam, hat er in mir aber Schrecken erregt, obwohl er wahrscheinlich gar nichts Schreckerregendes hatte, der arme Kerl.

Meine Mutter war Christin, wenn auch ihrerseits wiederum nicht rein arisch, eine komplizierte

Mischung. Ich bin in einem vollkommen unjüdischen Milieu aufgewachsen, auch schon durch die Tatsache, daß ich in der Provinz lebte. Ich bin katholisch erzogen worden, bis zu meinem 15. Lebensjahr. Da bin ich aus der Kirche ausgetreten, das konnte man damals mit Erlaubnis der Mutter.

Sie haben aber nie darüber nachgedacht, ob Sie Jude sind, oder wenn ja, warum? Bis zu Hitler war es für Sie keine Frage der Identität?

Nein, ich war ein Voll-Österreicher. Dann kam Hitler in Deutschland, und dann begann ich, die gesamte Nationalsozialistische Literatur zu lesen. Ich kenne sie wie wenige, und zwar nicht nur die eigentliche NS-Literatur, sondern auch die Kirchenväter des Nationalsozialismus, Lagarde[31] und Langbehn, der Rembrandt-Deutsche[32], und Hans Blüher[33], das habe ich alles mit großem Interesse gelesen, auch nazistische Romanciers etwa wie Kolbenheyer[34].

Warum haben Sie das wichtig gefunden, die zu lesen?

Ja, weil ich nun plötzlich einer war, der ich eigentlich nicht war. Man stellte plötzlich fest, ich sei ein Jude. Ich habe das erst viel später formuliert gefunden, und zwar bei Jean-Paul Sartre in seinen uneinholbaren »Réflexions sur la question juive«, »Überlegungen zur Judenfrage«, in denen es heißt: »Jude ist einer, der von den anderen als Jude angesehen wird.« Heute ist es so, daß ich bei jeder sich nur bietenden Gelegenheit sage: Ich *bin* Jude! Ich bin allerdings ein negativer Jude, das heißt, ich bin Jude in dem Augenblick, da ich irgendwo eine Spur von Antisemitismus oder Antizionismus, was heute ein anderes Wort für Antisemitismus ist, höre, trete ich vor und sage: Ich bin Jude!

Positiv aber besitze ich kein Judentum. Ich weiß nichts von historischen Dingen. Ich kenne die Geschichte der deutschen Kaiser. Ich kenne die Geschichte der Französischen Revolution. Ich kenne die Geschichte der Deutschen aus dem 19. Jahrhundert, und ich weiß etwas über August den Starken zu sagen, aber ich weiß leider relativ wenig über jüdische Geschichte, geschweige denn jüdische Theologie. Ich kenne das Neue Testament, aber das Alte Testament habe ich ein einziges Mal gelesen.

Können Sie sich vorstellen, in Israel zu leben?

Das ist eine sehr schwierige Frage. Israel hat mich tief beeindruckt. Leben aber könnte ich dort sehr schwer, denn ich müßte ja Hebräisch lernen. Ich müßte einen ganzen Kulturkomplex neu erfahren, und das ist für einen Menschen in meinen Jahren nicht so einfach. Außerdem wäre ich den Leuten zu nichts mehr nütze. Wenn ich noch jünger wäre und mir sagte, ich kann dort Soldat sein, dann würde ich wahrscheinlich trotz all dieser Schwierigkeiten und obgleich ich kein positives Judentum mehr berge, aber sehr wohl von einem Jude-Sein durchdrungen bin, das ich in Auschwitz erlernt habe, nach Israel gehen, um allenfalls dort Soldat zu sein.

War es für Sie jemals ein Problem, auf der einen Seite eine klare Parteinahme für Israel zu haben und auf der anderen Seite sich als links zu verstehen? Sie wissen, daß die Linke sich zum Teil darauf verstanden hat, Israel als imperialistischen Staat aufzufassen, eine Position, die ich persönlich nie verstanden habe, warum die jungen Radikalsozialisten gegen Israel sind. Haben Sie da ein Problem für sich selbst gesehen?

Nein, für mich selbst keines, nachdem ich so ziemlich alles, was die Jungen und Jüngsten, die sich links nennen, tun und äußern, nicht billigen kann aus baren Vernunftgründen, ist es für mich kein spezifisches Problem, ein Linker zu bleiben, nämlich das, was ich unter »links« verstehe, weiterhin durchzusetzen versuche, andererseits aber mich zu Israel zu bekennen. Bekenntnis zu Israel heißt nicht, unkritisch alles hinzunehmen, was jeweils in Israel geschieht. Ich habe das auch öffentlich ganz deutlich ausgesprochen in einem Artikel »Die Grenzen der Solidarität«. Für mich sind die Grenzen der Solidarität durch die Persönlichkeit des Premierministers Begin[35] gegeben. Ja, das wäre auch ein Grund, warum ich nicht in Israel leben könnte. Ich könnte nicht in einem mehr oder weniger theokratischen Staat leben. Ich habe als katholischer Schüler in Österreich die Pfaffen gehaßt, und ich hasse die ein ganzes Volk terrorisierenden Rabbiner in Israel, und ich mag diesen Begin nicht. Der verkörpert alles, was mir zuwider ist. Aber es gibt eine gewisse existentielle Bindung an dieses Land, das für mich das Stückchen Erde meiner überlebenden Kameraden ist, denen ich verbunden bleibe.

Der Agnostiker

Sie haben Ihre religiöse Position beschrieben, Sie haben gesagt, daß Sie mit 15 Jahren aus der Kirche ausgetreten sind, Sie verstehen sich als Jude ohne Glauben – also das ganze theologische, jüdisch-christliche Referenzsystem akzeptieren Sie für sich nicht?

Wobei ich vom Christentum etwas weiß, vom Judentum gar nichts.

Wie würden Sie Ihre theologische, oder sagen wir vielleicht besser, Ihre philosophische Position beschreiben? Ein richtiger Atheist sind Sie auch nicht in dem Sinne, daß Sie die Existenz Gottes aktiv bestreiten.

Das kann ich nicht, das gibt es nicht. Ich habe kein Argument, die Existenz Gottes zu bestreiten.

Wie würden Sie sich denn dann sehen, wenn nicht als Atheisten?

Ach wissen sie, mein Agnostizismus geht so weit, daß ich auch nicht gekränkt bin, wenn man mich einen Atheisten nennt. Es geht mir da ungefähr wie Sartre, wie Sartre es in den »Wörtern« beschrieben hat: »Eines Tages war der liebe Gott für mich nicht mehr da.« Ich hatte die Gebete, die mich meine Mutter gelehrt hat, die ich später auf der Schule hersagen mußte, ausgesprochen. Gedacht habe ich mir wahrscheinlich nicht viel dabei. Irgendeines Tages – ich war vielleicht 14 Jahre – dachte ich, ich glaube kein Wort davon. Ich glaube, es war bei der schulischen Lektüre des katholischen Glaubensbekenntnisses, das ich hersagen mußte, noch heute hersagen kann. Da dachte ich mir, ich glaube wirklich kein Wort davon, weder an die Auferstehung des Fleisches noch an die Gemeinschaft der Heiligen, noch an ein ewiges Leben. Es erscheint mir das alles im höchsten Grade unwahrscheinlich, ich glaube es nicht, es geht mich nichts an.

Sie haben also alles, was Sie in der frühen Jugend aufgenommen haben, nicht ersetzt durch logische Systeme, sondern die Erfahrung »Auf einmal war der liebe Gott für mich gar nicht mehr da« liegt schon so früh, daß Ihre philosophischen Ahnen nicht an die Stelle traten, sondern in ein Niemandsland kamen?

Ja, die philosophischen Ahnen; es war sehr leicht für mich, sie zu finden.

Wo haben Sie sie gefunden, und wer waren diese Ahnen?

Ich habe sie in Wien gefunden, was ja nun nahelag, denn wir verzogen aus der Provinz nach Wien. Ich begann dort meine sehr bummelhaften, immer wieder durch Broterwerbsarbeit unterbrochenen Studien und wurde sofort beeinflußt vom österreichischen Positivismus.[36] Da fand ich sozusagen meine natürlichen Verwandten, die nämlich gewisse theologische Fragestellungen in einer logischen Sprachanalyse einfach als Scheinfragen hinstellten. Später kam dann ein anderes Element dazu, der Existentialismus. Heute glaube ich nicht mehr, daß metaphysische Fragen Scheinfragen sind. Das glaube ich heute nicht mehr. Aber die theologischen Fragen sind für mich im wesentlichen immer noch Scheinprobleme, mit denen ich eigentlich nichts zu tun habe.

Wer waren Ihre Lehrer in Wien?

Am meisten hörte ich Moritz Schlick[37], das damalige Haupt der Wiener Schule, den ersten Ordinarius für Philosophie an der Wiener Universität.

Der später ermordet wurde.

Der im Jahre 1936 in der Aula ermordet wurde von einem etwas wirren, katholischen Studenten, der fand, daß Schlick das Gebäude der Religion und überhaupt die heiligsten Güter zerstöre. Schlick war eine ungeheuer eindrucksvolle Persönlichkeit, ein Mann, der Physiker, Mathematiker und Philosoph war.

War für Sie der Positivismus eigentlich eine formale Schule des Denkens, eine erkenntnistheoretische Position, oder gab es Inhalte, die für Sie jetzt so wichtig wurden, daß von daher dann später auch ein Weg zum Existentialismus führte?

Das ist sehr schwer zu sagen. Das hat auch einen gewissen politischen Hintergrund. Der Positivismus – im Gegensatz zu der Rolle, die er heute spielt, wo er für die Linken so eine Art Vogelscheuche ist – hatte damals in Österreich eine ausgesprochen linke und emanzipatorische Funktion gegenüber dem Druck, den die katholische Kirche auf das ganze österreichische Geistesleben ausgeübt hat, und gegenüber allen irrationalistischen Pseudometaphysiken. Es war ja nicht einmal Metaphysik, die der Nationalsozialismus in Deutschland hochschwemmte. Der Positivismus war für mich zunächst einmal eine Waffe im Kampf gegen Irrationalismus und theokratischen Druck. Inhaltlich führte mich damals noch gar nichts hin zum Existentialismus, obwohl ich mir natürlich schon manche existentielle, existenzialphilosophische Fragen gestellt habe. Den Existentialismus entdeckte ich 1945, als ich aus der Unterwelt heraufkam, in der Person Jean-Paul Sartres.

Nach dem Überleben

Nach der Befreiung in Bergen-Belsen. Gingen Sie damals nach Belgien zurück?

Ich ging nach Belgien zurück. Ich wußte nicht, wohin, wo hätte ich denn hingehen sollen? Am liebsten wäre ich gar nirgends mehr hingegangen. Die Kameraden sind ja auch am Wege geblieben. Man fühlte sich völlig überflüssig. Nein, das ist keine Koketterie. Man hatte einfach das Gefühl, es sei ein Schicksalsirrtum, daß man noch am Leben sei. Das muß man sich konkret vorstellen: Ich bin über Berge von Leichen, Berge von Kadavern gestiegen und dachte, wozu bist du eigentlich noch am Leben?

Nun, ich wußte eigentlich nicht recht, wohin. Ich ging nach Belgien zurück, weil ich eine vage Hoffnung hatte, daß meine erste Frau, meine erste wirklich große Liebe und wirkliche Geliebte, mehr als eine Ehefrau, daß sie noch lebe. Ich traf sie nicht mehr an. Sie ist mit 28 Jahren gestorben, eines natürlichen Todes übrigens.

Sie starb, während Sie im KZ waren?

Ja.

Kann man das so sehen, daß Sie in dieser schweren Zeit den Existentialismus für sich selbst entwickelt haben? Was Sartre für Sie werden konnte, war die Formulierung einer eigenen Erfahrung.

Das kann man ganz gewiß sagen. Ich hätte wahrscheinlich ohne all diese ständige Nachbarschaft mit dem Tode mir niemals diese existentiellen und im engeren existentialistischen Fragen gestellt, wie ich sie mir später stellte. Ich traf Sartre, dem ich übrigens nur ein einziges Mal in meinem Leben begegnete, und zwar in Brüssel. Ich vermeide es immer, meinen Göttern zu begegnen. Ich habe es auch immer vermieden, Thomas Mann kennenzulernen, obwohl es x Gelegenheiten dazu gab. Ich entdeckte zum rechten Augenblick: Er, Sartre, war ein Philosoph, wie in einem entschieden geringerem Grad auch Camus[38] und Merleau-Ponty[39]. Das waren die Philosophen, die von den Dingen sprachen, die mich jetzt betrafen. Obwohl ich, rein philosophisch, zum Tod zum Beispiel, eine völlig andere Einstellung habe als Sartre.

Könnten Sie das an einem Beispiel erläutern, weil der Tod für Ihre eigene Arbeit später dann noch einmal zum Thema wurde in dem Buch über das Altern und im Buch über den Freitod.

Sartre ist ein Philosoph der Aktion, ein Philosoph des Lebens. An einer Stelle heißt es bei ihm: Le faux, c'est la mort – der Tod ist das Falsche, das Sinnlose. Es ist fast wie bei Epikur, der einmal gesagt hat, mit dem Tod ist es so: Er geht mich eigentlich nichts an, denn wenn er ist, bin ich nicht mehr, und solange ich bin, ist er nicht.

Also, was den Tod angeht, bin ich vielleicht im tiefsten ein Deutscher geblieben, mit der merkwürdigen Hinneigung zu diesem ganzen Komplex. Tod und Gruft waren für mich immer eine Wirklichkeit, die irgendwie hereinragte ins Leben. Vielleicht wäre ich ein Heideggerianer gewesen, wenn dieser elende Heidegger nicht diese Rektoratsrede gehalten hätte, die es mir unmöglich gemacht hat, mich näher mit ihm einzulassen.[40]

Haben Sie diese berüchtigte Rektoratsrede damals, 1933, sofort zur Kenntnis genommen?

Ich hatte es gleich gelesen, schon damals natürlich stark vom Positivismus beeinflußt. Der hatte von Heidegger gesagt, es seien lauter Scheinfragen und die Sätze sagten nichts. Natürlich sagen die Heidegger-Sätze als Aussagesätze nichts. Aber als Metaphern, als Verwandlung in Sprache, für eine Wirklichkeit, die uns bedrängt, sagen sie am Ende doch sehr viel. Ich glaube, es ist irgendwie ein politisches Malheur gewesen, ein politischer Unglücksfall, ein Betriebsunfall des geistigen Lebens, daß ich Heidegger niemals habe begegnen können.

Zurück zu Sartre. Er formuliert die Bedeutung des Todes oder die Nichtbedeutung des Todes anders, als Sie es dann in Ihren Arbeiten getan haben. Welches waren denn die zentralen Punkte, an denen Ihr Interesse für das, was Sartre sagte, hervorgerufen wurde?

Um es ganz grob zu simplifizieren: die Tatsache, daß die Existenz der Essenz vorausgeht, die Vorstellung, daß ich mich täglich selber neu zu entwerfen habe; daß ich dabei nicht eine Identität suche, wie man neuerdings immer von der Identitätssuche spricht, sondern die Identität das ist, was ich täglich neu herstelle in der Existenz, die der Essenz vorausgeht. Es war ja, natürlich, auch eine Philosophie der Résistance. Sartre hat eine Philosophie der Résistance entworfen, des Problems des persönlichen Einsatzes, des physischen Mutes oder der physischen Feigheit. All das hat mich natürlich ungeheuer betroffen. Ich war mal physisch mutig, ich war mal physisch feig. Das sind Dinge, die mir einfach bis ins Mark hineingingen, so daß ich mich ihnen nicht habe entziehen können.

Wie kamen Sie denn später dazu, den Strukturalismus[41] als philosophische Bewegung so ernst zu nehmen? Sie haben sich damit ebenso ausführlich auseinandergesetzt wie vielleicht vorher mit dem Positivismus und dem Existentialismus.

Ich habe den Strukturalismus immer für abwegig gehalten. Ich habe mich mit dem Strukturalismus beschäftigt, aber immer polemisch. Ich habe den Strukturalismus immer abgelehnt.

Sie haben ihn bekämpft, um die vorher gewonnene Position im Existentialismus zu halten, zu verteidigen, auszubauen.

Sie sagen es besser, als ich es hätte sagen können.

Sie verfolgen auch die sogenannten neuen Philosophen. In welcher Annäherungsweise tun Sie das? Wie beobachten Sie diese neue Bewegung, Glucksmann und andere? Ist das mehr als eine Mode, die Sie mit Ihrem Urteil treffen oder mit Ihrer Beobachtung umgeben, weil sie Zeiterscheinungen sind? Oder ist das für Sie, von den dort vertretenen Thesen her, eine Herausforderung, wie es der Strukturalismus und die Existentialisten waren?

Wird die Aufklärung verspielt?

Es ist eine Herausforderung, weil ich die neuen Philosophen als Symptom erachte, und zwar als Symptom für eine gefährliche Krankheit im Organismus, eine infektiöse Krankheit im Organismus des allgemeinen euro-amerikanischen geistigen Lebens. Ich gebrauche jetzt absichtlich den Begriff euro-amerikanisch, denn irgendwie gehören wir heute zusammen. Mit dem Strukturalismus konnte ich mich noch – vor allem mit Levy Strauss, der mit weitem Abstand der Bedeutendste ist – auf einer rein intellektuellen Ebene auseinandersetzen. Bei den neuen Philosophen kommen bei mir nun starke Emotionen ins Spiel. Sehen Sie, worauf läuft's denn raus bei den neuen Philosophen? Die neuen Philosophen lehnen im wesentlichen die französische Aufklärung ab, an der ich hänge. In der Nachfolge der französischen Aufklärung und der großen Französischen Revolution, an der ich gleichfalls emotional hänge, lehnen sie nun auch Fichte, Hegel, Marx ab. Nun, Hegel lehne ich auch ab, aber von einer völlig anderen Position aus. Denn die Ablehnung, die dort erfolgt, ist eine vollständig irrationalistische, sie läuft auf Nihilismus und totalen Kulturpessimismus heraus. Diese jungen Menschen, die das wirkliche Elend selber gar nicht erlebt haben, sondern nur vom Hörensagen kennen, die reden uns nun ein, wir lebten im Osten und im Westen in der Hölle. An dieser Hölle sei der Rationalismus schuld, das Denken, das Wissen, das den Menschen unterdrücke. Ich glaube nach wie vor, daß Denken und Wissen den Menschen befreien. Ich lehne sie vor allem als Irrationalisten ab, die sie sind, zumal sie keine Alternative bringen. Ich sehe da nirgendwo eine Alternative. Sie sind gegen die Ratio, sie sind gegen jegliche Ordnung, sie sind Anarchisten. Ich weiß nicht, wohin das führen soll. Und ich kann sie nur als Symptom sehen, als Symptom einer Auflösung nicht nur aller Werte, sondern auch aller Chancen, die wir haben.

Hat sich Ihre philosophische Auseinandersetzung mit den Strömungen der Zeit in Ihren eigenen literarischen Arbeiten niedergeschlagen, also nicht da, wo Sie unmittelbar argumentativ eingehen auf philosophische Positionen, sondern dort, wo Sie beispielsweise den »Lefeu« geschrieben haben?

Doch, da ist es eingegangen.

In welcher Weise? Sie haben »Lefeu« einmal als Ihr Lieblingsbuch bezeichnet.

»Glanzverfall«

Mein Lieblingsbuch ist es vielleicht nicht ganz. Unter den von mir geschriebenen Büchern ist es das verkaufsmäßig erfolgloseste, mir aber teuerste. Und ich glaube, es ist das Beste, was ich je geschrieben habe. Ja, ich habe mich da sehr klar mit den Zeitströmungen auseinandergesetzt, einerseits mit der technokratischen, den Menschen zerstörenden, falschen Modernität, die ich durch den Begriff »Glanzverfall« in »Lefeu« charakterisiert hatte, andererseits aber auch mit jenen, die da glauben, die Sprache sei eine Wirklichkeit für sich, was ich nicht glaube. Von allen Künsten hat die Dichtung die geringste Eigenwirklichkeit. Vielleicht kann ich das einen Augenblick lang noch erklären.

Ja – das wäre gut – »Lefeu oder der Abbruch« heißt das Buch, und die Frage ist, wieweit diese Grundmetapher von dem Haus, das zum Abbruch ansteht, für Sie eine wichtige Aussage ist, die sozusagen philosophische Dimension hat.

Dieses Haus, in dem der Maler Lefeu und noch andere seiner Malerkollegen wohnen, soll abgebrochen werden, um einem modernen Appartementhaus Platz zu machen. Sehen Sie, und da war ich ein Protestler vor den Protestlern, ein Ökologist vor den Ökologisten. Ich dachte, man müßte darstellen, daß dieses Alte verfallen soll, aber aus sich selber heraus, und daß es nicht zerstört werden und ersetzt werden solle durch etwas, was ich den Glanzverfall genannt habe, nämlich ein glänzendes, glitzerndes, aus Stahl und Beton bestehendes neues Gebäude, das so aussehen könnte wie das Centre Pompidou in Paris, das ich für eine Scheußlichkeit sondergleichen halte. Dahinter steht natürlich eine philosophische Position, eine existentialistische Position und auch wiederum eine, die anschließt an mein Todesdenken oder an den »Eros Tanatos«, der in mir lebendig ist: daß der Verfall, der langsame Verfall, das Abbrökkeln, daß das einen zugleich ästhetischen wie humanen Wert habe. Das wollte ich der Modernität, die zerstören will, um etwas nicht Schauenswertes und nicht Erlebenswertes an dessen Stelle zu setzen, entgegenhalten.

Ist darin der »Lefeu« auch eine Spiegelung Ihrer Gedanken über das Altern?

Ja, ganz sicher. Aber ich habe »Lefeu« etwas später geschrieben als das Buch über das Altern. Das Buch über das Altern war meine eigene Auseinandersetzung mit dem Altern. In »Lefeu« habe ich versucht, dem Abbruch, dem Niedergang, der etwas Miserables hat – Abbruch und Niedergang sind Elend –, einen gewissen humanen Wert, einen gewissen humanen und ästhetischen Wert, eine gewisse Würde zu geben.

Sehen Sie darin vielleicht sogar eine Parallele zu Camus, zu »Sisyphus«, einem Buch, dessen letzter Satz heißt: »Man muß sich Sisyphus als einen glücklichen Menschen vorstellen.«

Also ganz gewiß gibt es eine innere Verwandtschaft zu Camus, sofern ich mich mit Camus vergleichen darf, was aus Qualitätsgründen jedoch schwer möglich ist. Sicher gibt es zwischen mir und Camus eine innere Verwandtschaft. Als einen glücklichen Menschen kann ich mir freilich den Sisyphus nicht vorstellen, aber als einen würdigen Menschen. Ich hätte an dieser Stelle, hätte ich dieses Werk geschrieben und beendet, geschrieben, man soll sich Sisyphus als einen Menschen mit Würde vorstellen, nicht als einen glücklichen Menschen.

Vielleicht hätte Camus Ihnen da sogar zugestimmt, denn er beschreibt ja vorher die Situation des Sisyphus gerade von der Würde her und sagt, seine Würde bestehe darin, daß er immer wieder...

Ja, ja, nur ist das Wort glücklich, »heureux«, könnte man vielleicht noch sagen. »Un homme heureux«, das ist irgendwie etwas anderes als ein glücklicher Mensch. Sehen Sie, es gibt keine Übersetzung, das ist auch eines meiner Probleme.

Vielleicht für Sie besonders, weil Sie deutsch schreiben und ein Deutsch schreiben, das ich mir als nur sehr schwer übersetzbar vorstellen kann.

Es ist auch in der Tat so gut wie unübersetzbar.

Die Syntax, die Wortwahl.

Vor allem das Prinzip der Montage, das ich immer wieder habe, das ist fast unübersetzbar. Mein Deutsch ist ganz gewiß kein Neudeutsch, das sowieso nicht. Auch Schriftsteller, die in Deutschland leben, schreiben kein Neudeutsch, nämlich jenes Neudeutsch, wie man es im »Spiegel« liest. Es ist für mich so ungefähr das entsetzlichste Deutsch, das es überhaupt gibt – ich kann diese Wortschrift nicht lesen. Ich bin außerstande, das zu lesen. Dazu hänge ich zu sehr an der deutschen Sprache. Wissen Sie, wenn im amerikanischen »Time-Magazine« das Englische zum »timese« wird, wie die das nennen, bon, dann nehme ich das hin, weil das Englische eine entfernte Bekannte ist. Aber das Deutsch ist ja meine Geliebte, und da kann ich es nicht ertragen, wenn es zu dem wird, was es im »Spiegel« wird, wobei ich gegen die politische Abgrenzung des »Spiegel« nichts gesagt haben will. Mein Deutsch ist sicher zum Teil ein veraltetes Deutsch, zum Teil aber ein solches, das – wo es neu ist – ich mir ganz selbst, weil ich im fremden Sprachraum lebe, erarbeitet habe.

Also, ich suche keinen Denkeinstieg, keinen Denkansatz, ich lasse kein grünes Licht aufleuchten, derlei Dinge gibt es nicht. Ich habe auch niemals von sozialer Relevanz geschrieben. Ich mußte mir ein Deutsch erfinden. In dieses von mir erfundene Deutsch sind selbstverständlich sehr viele französische Elemente eingegangen. Auch im Fremdwort bin ich sehr großzügig. Ich mute da dem deutschen Leser manches zu.

Sie sind ein erfolgreicher Schriftsteller. Nicht in dem Sinne, daß Sie Millionenauflagen haben. Das haben Sie auch gar nicht gewollt. Sie haben sich eine Leserschaft gewünscht, die von vornherein die Millionenauflage ausschloß. Sie sind erfolgreich aber in dem Sinne, daß Sie von denen, die Sie meinen, anerkannt sind, was sich jetzt ganz äußerlich immerhin niedergeschlagen hat in einer ganzen Reihe von beachtlichen Preisen, dem Kritikerpreis 1970, dem Literaturpreis der Bayerischen Akademie der Schönen Künste 1972, dem Lessingpreis und dem Preis der Stadt Wien für Publizistik, 1977, also immerhin eine ganze Anzahl. Frage: Wie wichtig sind für Sie diese Preise? Wie wichtig sind für Sie Anerkennungen, etwa Mitgliedschaften in Akademien, der Akademie der Schönen Künste, der Deutschen Akademie für Sprache und so weiter? Hat das etwas zu tun mit Ihrer Selbsteinschätzung oder bleibt das ganz außen vor?

Nein, das hat mit meiner Selbsteinschätzung gar nichts zu tun. Kein Mensch ist frei von Eitelkeit, jeder freut sich einen Augenblick lang, wenn er erfährt, daß er Mitglied einer geachteten Körperschaft geworden ist, oder wenn er eine gute Kritik bekommt. Ich bin kein Unikum der inneren Autonomie. Ich bin genauso von den anderen abhängig wie jeder andere auch. Aber das ist immer ganz kurz, dieses Vergnügen an Ehrungen und Preisen, und hat eigentlich mit meiner Selbsteinschätzung so gut wie nichts zu tun. Preise sind eine erfreuliche Sache, vor allem bringen sie auch Geld ein, ein Schriftsteller muß auch von etwas leben.

Es gibt zwei Preise, die – wenn sie auch nichts mit meiner Selbsteinschätzung zu tun haben – mir doch eine etwas länger dauernde Freude bereiten. Das eine war der Deutsche Kritikerpreis, der nicht dotiert ist, und das andere war der Lessingpreis. Der Lessinpreis, weil ich der Person Lessings in Ehrfurcht und Liebe verbunden bin.

Von Frauen und Männern

Der Schriftsteller hat eine öffentliche Existenz. Er hat aber auch eine private. Dazu gehören Freunde, Partner und, für einen Mann, Frauen. Spielen Frauen für Sie, in Ihrer Arbeit und in Ihrer privaten Existenz eine Rolle, über die zu sprechen wäre?

Ja, sie spielen eine ganz erstrangige Rolle. Ich könnte ohne Beziehungen zu Frauen, freundschaftliche, zärtliche, erotische bis sexuelle eigentlich gar nicht existieren. Ich würde dann menschlich verdursten, glaube ich. Freundschaften, Männerfreundschaften, spielen auch eine ganz große Rolle in meinem Leben, weil da vielleicht eine Urform homoerotischer Neigungen dabei ist.

Nun ja, wir waren bei den Frauen. Doch, doch, sie sind für mich sehr wichtig. Ich unterhalte mich zum Beispiel sehr gern mit Frauen. Die Sensibilität, die spezifisch weibliche Sensibilität ist etwas, was mir sehr nahe geht, ich fühle mich davon angesprochen. Ich habe also eine gewisse Affinität zu Frauen, auch jenseits aller Erotik und Sexualität.

Was suchen Sie in einer Frau? Eine Helferin, die Ehefrau, die Geliebte, die Muse oder alles zugleich?

Huch, nach Möglichkeit – ja, ja, alles zugleich. So etwas gibt es wohl nur in Sonderfällen. Ganz sicher die Mutter. Ich war ein »einziger Sohn«. Da braucht man gar kein psychoanalytisch geschulter Mensch zu sein, um zu wissen, daß da eine starke ödipale Beziehung, eine gewisse ambivalente Beziehung da war. Meine Mutter war sowohl übermäßig zärtlich als auch übermäßig autoritär, und da ist etwas geblieben. Es ist immer wieder so, daß ich in Frauen auch die Mutter suche. Aber die Geliebte ist das, was mir für meine Arbeit wichtig ist, obwohl es gar nicht unbedingt eine Intellektuelle sein muß. Der Idealfall ist natürlich der, daß man eine Frau findet, die zugleich Geliebte wie auch Gesprächspartnerin ist, und das ist gar nicht so leicht, und das trifft man gar nicht so häufig.

Viele Männer haben zu Frauen ein instrumentelles Verhältnis. Sie benutzen Frauen für irgendwas, für Literatur, für die Arbeit, für die Entspannung oder sonst was.

Das ist sicher bei mir nicht der Fall, das glaube ich sagen zu können. Was heißt benutzen? Warum ich glaube, sagen zu können, daß ich von der Idee des Instrumentellen sehr weit weg bin, ist die Erfahrung, daß ich mich gerade in diesen Bereichen, eigentlich viel mehr noch als im Schreiben, vollständig eingesetzt habe und immer alles riskiert habe. Ich bin einmal einer Geliebten, die sich von mir abgewendet hat – es war unmittelbar nach dem Kriege, als ich noch keinen Paß hatte und gerade aus dem KZ gekommen war – über drei grüne Grenzen nachgegangen, auf die Gefahr hin, noch einmal eingelocht zu werden. Ich habe mich da immer vollkommen eingesetzt und habe dann immer alles auf eine Karte gesetzt.

Verlangen Sie, aus Ihrem Selbstverständnis heraus, nach einer emanzipierten Frau?

Was verstehen wir unter einer emanzipierten Frau? Jetzt wird's schwierig, jetzt geht's ins Allgemeine. Was ist eine emanzipierte Frau? Es ist eine freie, sich ihrer selbst bewußte Frau. Ganz gewiß wünsche ich mir das. Ich wünsche mir eine Frau, die sich ihrer selbst gewiß ist. Also, wenn Sie das unter einer emanzipierten Frau verstehen, dann habe ich das

Verlangen, an meiner Seite eine – ich will mal nicht emanzipierte Frau sagen – eine freie Frau zu wissen. Gegen berufsemanzipatorische Damen habe ich einen Widerstand, die sind mir überaus fremd, die haben so etwas Rabiates, soweit ich sie kennenlernte.

Haben Sie Angst vor ihnen?

Ja, ja, wenn Sie es schon so wollen. Es ist mir ein bißchen unheimlich. Weil ich nicht genau weiß, was sie wollen, diese Frauen. Also das, was wir jetzt im Deutschen mit einem sehr häßlichen Wort »Emanze« nennen – bitte, ich erwähne das Wort und setze mich gleichzeitig von diesem scheußlichen Wort ab, ich erwähne es eigentlich nur, weil es umgangssprachlich im Deutschen geläufig ist – also das, was man »Emanze« nennt, ist mir eigentlich unheimlich und fremd. Ich habe vielleicht auch ein bißchen Angst davor, weil ich im Grunde nicht weiß, was diese Frauen sich wünschen. Es gibt auf der Hand liegende soziale Forderungen, völlige Gleichberechtigung mit dem Mann vor dem Gesetz, völlige Gleichheit des Starts, Freiheit aller Möglichkeiten in der beruflichen Karriere. Das ist nachzuholen, und ich glaube, man ist eigentlich schon auf gutem Wege. Die Frau, die ja nun, wie es Simone de Beauvoir einmal richtig gesagt hat, eine unterdrückte Klasse war, ist im Begriffe, diese Klassenschranken zu durchbrechen.

Haben Sie einmal mit einer Feministin diskutiert?

Nein, ich habe niemals mit einer Feministin diskutiert. Ich habe Artikel gelesen. Und ich habe schon mal im Funk solche Frauen sprechen hören, aber Diskussionen mit diesen Frauen bin ich aus dem Weg gegangen.

Weil wir gerade von Simone de Beauvoir sprechen, Simone de Beauvoir ist eine hochgescheite Frau. Sie hat dieses fundamentale Werk »Le deuxième sexe« geschrieben – Anfang der fünfziger Jahre kam das raus. Und alles, was die anderen schrieben, ist eigentlich nur noch ein schwacher Abklatsch dessen, was sie damals schon richtig gesehen hat.

Ich kann diese Simone de Beauvoir, die überaus weiblich ist, nicht mehr verstehen, wenn sie irgendwelche radikalen Frauenmanifeste unterzeichnet. Ich finde, daß die Frau auf dem besten Wege ist, sich all das zu erwerben, worauf sie ein legitimes Anrecht hat, dasselbe Anrecht wie wir Männer.

Sie meinen, sie hat den Radikalismus gar nicht nötig?

Sie hat den Radikalismus, glaube ich, heute nicht mehr nötig. Im Gegenteil: Sie kann in der Mehrzahl der Männer Abwehrreaktionen auslösen und sich damit selber wieder zurückwerfen.

Emma und Charles Bovary

Ihr Buch »Charles Bovary« ist, wenn ich das richtig sehe, auch eine Auseinandersetzung mit einer Frau, mit einem Geschöpf Flauberts, mit Emma.[42]

Emma war der verzweifelte Versuch, sich zu emanzipieren. Emma Bovary wollte sich emanzipieren zu einer Zeit, als die Emanzipation noch nicht möglich war, als der Ausbruch aus den bürgerlichen, erotischen, ehelichen Konventionen gleichsam mit dem Tode bestraft wurde, jenem Tod, den dann auch Emma gestorben ist, indem sie sich vergiftet hat. Nun ist es in meinem Buch freilich so, daß ich nicht nur Emma gerecht zu werden trachte – ich glaube, ich werde ihr gerecht –, sondern daß ich vor allem versuche, den von Flaubert vernachlässigten Charles Bovary zu rehabilitieren, nicht im Gegensatz zu Emma, sondern im Gegensatz zu dem vom Dichter entworfenen Dümmling, der er dort war.

Flaubert hat gesagt: »Madame Bovary – c'est moi«. Würden Sie sagen: »Charles Bovary – c'est moi«?

Non, nein, das kann ich nicht sagen.

Mit wem identifizieren Sie sich, mit Madame oder Monsieur Bovary? Oder mit keinem von beiden?

Emotionell identifiziere ich mich mit Emma. Dieses flammende Mit-dem-Kopf-durch-die-Wand-Laufen der Emma ist etwas, was mich immer begeistert hat.

Wie kamen Sie auf die Idee, Charles Bovary zu rehabilitieren?

Das ist eine lange Geschichte. Es war immer eines meiner Lieblingsbücher, und als dann der Sartresche Flaubert herauskam, habe ich wieder die Bücher Flauberts gelesen, las dann auch »Madame Bovary«, über die Sartre in diesen drei Bänden, die vorliegen, noch nichts gesagt hat. So weit ist er nicht mehr gekommen, als er dann von schwerer Krankheit heimgesucht wurde, so gut wie nichts mehr schreiben konnte, weil er nichts mehr sah.

Ich las also »Madame Bovary« wieder, und nun erwachte in mir der Wunsch, nicht etwa Emma zu entthronen, aber doch dem armen, geplagten, betrogenen, geschmähten, verzweifelten und schließlich sterbenden Charles gerecht zu werden. Und der wird nun in der Tat in meinem kleinen Versuch etwas völlig anderes als das, was er bei Flaubert ist. Das ist ein ziemlich waghalsiges Unternehmen, und ich weiß schon jetzt, daß es für mich einige Schwierigkeiten bedeuten wird, denn man wird selbstverständlich sagen: Er vergriff sich an einem Meisterwerk.

Beginnt mit diesem neuen Buch eine neue Epoche Ihrer Arbeit überhaupt, in der Sie sich stärker der Literatur und dem eigenen literarischen Erzählen zuwenden als bisher, wo das Essay im Mittelpunkt gestanden hat?

Ja, das sehen Sie völlig richtig. Das ist die Vorstellung, die ich von mir als Schriftsteller in meiner Jugend hatte. Das versuchte ich zum ersten Mal zu verwirklichen in »Lefeu«, das versuche ich ein weiteres Mal zu realisieren im »Charles Bovary«.

Die Lust zu fabulieren wächst sozusagen...

Tja, wobei das Fabulieren natürlich in meinem Fall niemals ein reines Fabulieren sein wird, das heißt, essayistische Elemente werden für mich immer eingehen in das bloße Erzählen. Ich meine, ein reines Fabuliertalent bin ich auch gar nicht, so ein richtiges Erzählertalent, sagen wir wie Jakob Wassermann[43] es war. Er war, wie Thomas Mann gesagt hat, der Vollbluterzähler. Es gibt noch x andere Vollbluterzähler. Ich gebe Wassermann nur als Beispiel an. Ein Vollbluterzähler bin ich sicher nicht. Es ist da bei mir immer zu viel Reflexion da.

Damit stehen Sie auch nicht allein, bei Proust ist es ähnlich.

Es ist bei Proust ähnlich – ich möchte mich nicht in Verbindung bringen mit sehr großen Namen –, es ist natürlich bei Musil so, wenn Sie so wollen, und bei Herman Broch, einem Autor, den ich sehr schätze, den man jetzt wieder ein bißchen vergessen hat. Ja, da möchte ich hin. Es ist schon eine gewisse Lust zu fabulieren. Meine nächste Abhandlung, an die ich mich machen werde – nicht jetzt, aber in einigen Monaten –, wird eine richtige Erzählung sein.

Die Gefährtin

Sie leben seit etwa 30 Jahren mit Ihrer Ehefrau zusammen. Was bedeutet für Sie diese Frau für Ihre Arbeit, für Ihr Leben?

Unendlich viel. Zunächst einmal glaube ich, daß ich, wenn ich nicht dieser Frau, die ich schon vor dem Kriege kannte und die eine enge Freundin meiner ersten Frau gewesen war, 1948 wiederbegegnet wäre, würde ich noch immer in einer Mansarde auf einem Kanapée liegen und irgendwas lesen und »Laß o Welt, o laß mich sein« sagen. Aber nicht in Überlegenheit, sondern in einer depressiven Stimmung.

Sie war es, die mich ermutigt hat, wieder zu arbeiten. Sie hat mir unendlich geholfen. Sie ist es noch heute, die mir als Kritiker wichtig ist. Sie ist immer mein erster Kritiker, und ein sehr strenger, und ich bin sehr glücklich darüber. Sie ist nun die Gefährtin.

Die Medien

Sie bedienen sich der Medien, Sie hören Radio, Sie sehen Filme, Sie schreiben für Zeitungen, Zeitschriften, Sie schreiben für den Höfunk. Sie sehen Filme, aber kein Fernsehen. Denken Sie nach über die Medien?

Ja natürlich, ich muß nachdenken, zumal ich in meiner ökonomischen Existenz von den Medien abhängig bin, namentlich vom Hörfunk, der für mich eine fast mäzenatische Funktion hat. Es ist doch so: Diese Aufgabe, Geist, meinetwegen auch Kunst zu fördern, hatten seinerzeit die Fürsten an den deutschen Höfen, aber selbstverständlich auch in Italien, natürlich auch in Frankreich, aber da gab es nur einen Hof, den Hof von Versailles. Später dann ein Patriziat, namentlich das jüdische Bildungspatriziat, das es heute nicht mehr gibt, wie es ja überhaupt kein traditionelles große Bildungsbürgertum in Deutschland mehr gibt. Deutschland hat keine intakte Bourgeoisie mehr nach diesem Weltkrieg. Und eben diese mäzenatische Aufgabe haben nun die Medien.

Sehen Sie bei den Medien nur die Funktion der Verbreitung, die technische Möglichkeit, Gedanken zu verbreiten? Oder glauben Sie, daß die Medien darüber hinaus etwas sind, was man noch erst theoretisch beschreiben, in einer Medientheorie oder einer Philosophie der Medien formulieren müßte?

Es ist sicher eine Fundamentaltheorie der Medien notwendig. Ich kenne keine außer von McLuhan[44], mit der ich überhaupt nicht einverstanden bin. Ich glaube kein Wort von dem Schlagwort »the medium is the message«. Und ich halte es auch für irrsinnig übertrieben, vor allem, weil McLuhan voraussagt, was längst dementiert wurde, nämlich daß das Medium Funk, aber namentlich die Fernsehentwicklung das Buch überflüssig machen würden. Ich sehe das nicht. Ich sehe das Buch auch nicht ersetzt durch Videokassetten. Ich glaube, man wird immer eine Zeitung kaufen, man wird sie wieder lesen oder mit sich tragen wollen. Das ist eine andere dingliche Beziehung des Menschen zum gedruckten Wort.

Ich glaube, daß eine solche Theorie notwendig ist. Ich habe keine solche Theorie für mich geformt. Ich kann da nur kleine Überlegungen beibringen, Kleinigkeiten, die mir oberflächlich und ganz unwichtig scheinen.

Welche Kleinigkeiten meinen Sie?

Ich will Ihnen ein Beispiel geben: Ich glaube, daß die jüngste Entwicklung, namentlich im Hörfunk – ich bin ja hauptsächlich für den Hörfunk tätig –, nicht sehr glücklich ist. Es gibt da den Begriff des mediengerechten Aufbereitens eines Textes. Davon halte ich überhaupt nichts. Ein Text, den ein Autor schreibt, soll meiner Meinung nach als solcher vom Hörfunk übernommen oder abgelehnt werden. Wenn der Text etwas wert ist, sollte er telle quelle übernommen werden. Ich spreche da aus persönlicher Erfahrung, es sind fast alle meine Bücher, für die ich niemals mit großen Auflagen rechnete, als Essays durch den Hörfunk gegangen, und sie wurden in ihren Einzelteilen fast immer freundlich aufgenommen. Erst jetzt hat man mir gesagt, das müsse mediengerecht aufbereitet werden, da müsse Musik hineingeblendet, in Dialoge aufgelöst werden. Das ist mit einem meiner jüngsten Texte gemacht worden, sehr gut, sehr tüchtig gemacht worden, von einem überaus kompetenten, feinsinnigen und gescheiten Mann. Und trotzdem war ich nicht sehr glücklich.

Das ist ja zunächst mal nur eine Behauptung, daß es mediengerecht sei, wenn etwas dialogisch ist oder wenn Musik dazu gelegt wird.

Ja, aber das ist eine internationale Entwicklung. Das geht so weit, zum Beispiel, daß oft sogar der Wetterbericht in einen Dialog aufgelöst wird, möglichst noch mit einer Dame, die dann kichert, recht blöd kichert. Ich finde aber, es gibt gar nichts zu kichern, wenn sie sagt, daß schlechtes Wetter kommt – nicht einmal, wenn gutes Wetter kommt.

Aber es muß damit ja nicht mediengerecht sein. Das wird nur mediengerecht genannt. In Wirklichkeit ist es eine Mode, vielleicht eine schlechte Mode, wahrscheinlich sogar.

Dann muß ich Sie fragen, was mediengerecht ist. Da müssen wir ein bißchen die Rollen tauschen, und ich würde bei dieser Gelegenheit auch sehr gerne etwas lernen. Ich kann Ihnen nur als Hörer sagen, was ich richtig finde und was ich läppisch finde.

Mediengerecht kann im Hörfunk doch allenfalls heißen, daß man die Sätze so bildet, daß man sie auch hören kann. Es gibt ja Satzgebilde, die man nur lesen kann, die man aber nicht über eine große Strecke hin verfolgen kann, wenn man nur hört. Man hat den Anfang vergessen, wenn das Schlußverbum kommt. Das, würde ich sagen, ist das Grunderfordernis für einen Hörfunktext.

Das hängt vom Sprecher ab. Da darf ich jetzt ein bißchen arrogant sein – für ein Mal – und sagen, daß ich meine Texte, die sehr schwierige Perioden haben und sehr lange Perioden, so lesen kann, daß jeder, der überhaupt guten Willens ist, sich mit der Thematik, die ich vorzubringen habe, einzulassen, es auch verstehen kann und auch den Sätzen folgen kann.

Ja, wenn die Sprache in Ordnung ist, wenn die Sprache gut ist, gut durchkonstruiert, dann kann man sie auch hören und verstehen, auch über lange Perioden hin. Aber es gibt sicherlich auch Satzkonstruktionen, die einer Kritik beim gelesenen Text nicht standhalten würden. Deutlicher kann man es wahrscheinlich an den Bildmedien klarmachen, was mediengerecht heißt. Ich meine den Film und das Fernsehen, weil da noch die Bildersprache hinzukommt. Die Bildmedien leben ja nicht nur vom Wort, sondern auch vom Bild. Und die Frage ist, wie weit wir uns überhaupt auch in der Bildersprache ausdrücken können. Wir lernen im allgemeinen nur, Wörter aneinanderzusetzen und uns durch Wörter verständlich zu machen.

Was die meisten Autoren bei uns noch nicht gelernt haben, ist auch das Bild als Ausdrucksmittel des Gedankens einzusetzen. Wenn man das aber tut im Film und im Fernsehen, dann entstehen Gesetzlichkeiten, die man beachten muß. Das könnte man dann vielleicht als »mediengerecht« bezeichnen, aber nicht den ganzen modischen Schnickschnack.

Ja, das sind Gesetze, die man erst lernen muß, wobei man – und jetzt kommt ein meines Erachtens entscheidender Punkt – man nicht fortwährend Marktforschung betreiben darf. Damit blockiert man den Fortschritt, den Fortschritt des Mediums. Das heißt, wenn ich dem Fernsehpublikum oder auch dem Hörfunkpublikum ständig nichts anderes vorsetze als den Spiegel dessen, was es bewußt fordert, und es fordert im allgemeinen das Leichte auf allen Ebenen, dann blockiert man den Fortschritt zu dem, dessen der Hörer beziehungsweise Fernseher vielleicht bedarf, ohne es schon so genau zu wissen. Nicht jedes Bedürfnis, auch emotionelles Bedürfnis, ist einem Menschen sofort bewußt. Man kann ihm ein Bedürfnis bewußt machen. Wenn ich aber nur den Hörer, den Fernseher frage, was gefällt dir, dann ist man, glaube ich, auf dem falschen Weg. Man soll ihn schon fragen, was gefällt dir, und soll ihm das auch bieten. Aber dazu noch ein bißchen mehr von dem, was er noch nicht gewußt hat, daß es ihm gefalle, was ihm aber am Ende vielleicht gefallen wird.

Hinter dem Bedürfnis, das schon bewußt ist, steht

also ein Bedarf, und auf diesen Bedarf des Menschen müßte man reagieren in den Medien, meinen Sie?

Ein Bedarf, der, sagen wir, vorbewußt ist. Nicht unterbewußt, das ist ein psychoanalytischer Terminus, aber vorbewußt, also an der Schwelle seines Bewußtseins. Das gilt nicht nur für die Medien, das gilt auch für die Bücher, wo der Fernsehhörer oder Leser zunächst einmal gewisse Schwierigkeiten hat und sich dann jählings sagt: »Aha, so ist das, eigentlich habe ich mir das gewünscht.« Er hat es aber vorher nicht gewußt. Man muß den Wunsch, den tiefer liegenden Wunsch hervorholen.

Im Augenblick jedenfalls habe ich das Gefühl, wir stehen vor einer gegenteiligen Entwicklung. Wenn ich mir zum Beispiel den Hörfunk ansehe, wie er vor 10 oder 15 Jahren war, war er anspruchsvoller und besser, als er es heute ist. Und das ist mein Eindruck nicht nur vom deutschen Hörfunk, sondern auch vom französischen.

Sehen Sie fern?

Sehr selten, ich habe kein Fernsehgerät. Das muß ich aber erklären, sonst könnte man es mir als Snobismus auslegen: Ich weiß, daß das Fernsehgerät eine Versuchung ist, und es gibt ja auch unerhört viel Interessantes, das man gerne sehen möchte. Nun habe ich persönlich so wenig Zeit, daß ich die wenige Freizeit, die ich habe, unbedingt zur Lektüre brauche und daß ich Angst habe, den Weg des Leichteren zu gehen und zu sagen, ach, da läuft doch ein schöner Film, den du gern wieder sehen möchtest, und mir dann dieser Abend für die dringend notwendige Lektüre in Verlust geriete.

Terror der Aktualität

Sie haben zu Ihrem Buch »Widersprüche« ein Vorwort geschrieben. »Statt eines Vorwortes« heißt es, und da haben Sie sich über den »Terror der Aktualität« geäußert. Ich darf eine Stelle zitieren: »Die ... Beiträge sollen vor allem Zeugenschaften sein. Als solche werden sie nicht nur Ereignisse festhalten, sondern das Irren in der Zeit und ihrer trügerischen Aktualität verdeutlichen. Sie können, so meine ich, gerade in ihrer Widersprüchlichkeit und ihren oft falschen Spiegelungen die Einsicht vermitteln, daß wir dem Terror der Aktualität nicht entrinnen, wenn wir uns dem Konter-Terror des allemal Falschen, ›Ewigen‹ *oder ›Absoluten‹ beugen.«*

Sehen Sie das Fernsehen vorwiegend unter dem Aspekt der Aktualität und damit auch des Terrors der Aktualität?

Soweit ich das Fernsehen kenne, das muß ich einschränkend sagen, ich sehe mal gelegentlich bei Freunden was an, namentlich in London bei der BBC, die mir immer noch vorbildlich erscheint, soweit ich es also kenne, glaube ich, beugt es sich diesem Terror der Aktualität und übt ihn natürlich dann auch aus, wobei es so ist, daß der Fernseher es zunächst gar nicht als Terror empfindet. Das heißt, gewisse Modephänomene werden durch die Medien und durch das Fernsehen als das Allerwichtigste und unbedingt Notwendige weitergegeben, obwohl sie das nicht sind. Sehr charakteristisch war das für mich eben jüngst in Frankreich mit den neuen Philosophen. Das sind eine Anzahl sehr kluger Leute, mehr oder weniger gut. Dieser Leute hat sich die französische Television bemächtigt und hat sie dem Publikum aufgedrängt, als sei es das einzige, was wahrzunehmen ist. Das stimmt aber nicht. Es wäre im geistigen Sinne und auch im geschichtlichen besser gewesen, man hätte mehr über den »Flaubert« von Sartre gesprochen, der irgendwie unterging, als daß man die gutaussehenden und eloquenten neuen Philosophen wieder und wieder und wieder präsentiert hat, bis eines Tages der Punkt kommt, ein mir mysteriöser Punkt, das ist wie in der Mode, wie in der Haute Couture, wo man plötzlich sagt, ja also das ist eigentlich nicht mehr so recht fashionable, jetzt müßte man mal wieder irgendwas Neues erfinden. Das Allerneueste in der Philosophie wird der Paul Feyerabend sein, ein persönlich überaus liebenswürdiger, auch hochgescheiter Mensch, der aber in seinen Arbeiten und seinen jüngsten Aussagen gleich ins Spinnige gerät, der aber nun plötzlich »in« ist. Und nun stürzen sich alle auf eben jenen Feyerabend, als wäre das der einzige Philosoph, den es überhaupt noch gibt – und ein so hochgescheiter Mann, wie der deutsche Philosoph Hans Albert[45] wird kaum beachtet.

Das heißt, die Massenmedien schaffen eine Scheinaktualität, schaffen ein Scheinereignis? Oder ist es einfach eine andere Bewertung? Der eine bewertet diesen Philosophen, der andere jenen höher?

Ja, das würde stimmen, wenn es einem allgemeinen Marktgesetz unterläge wie Publikationen. Das ist aber nicht der Fall, denn das Fernsehen hat doch immer irgendwie einen Monopolcharakter, wie ihn das Buch niemals haben kann. Es wird in der Tat durch das Fernsehen, fürchte ich, genau das geschaffen, was ein amerikanischer Soziologe »pseudo events« genannt hat, Pseudo-Ereignisse. Ich halte zum Beispiel diese jungen Philosophen in Frankreich, über die ich auch geschrieben habe, meist allerdings polemisch, für gar nicht so schrecklich wichtig. Das sind »pseudo events«, und die wirklichen Ereignisse stehen dahinter und werden kaum beachtet.

Wie ist es bei den Tagesereignissen? Da verschärft sich das Problem der Aktualität vielleicht noch mehr. Man wird jeden Tag konfrontiert mit einem Sammelsurium von Dingen, die präsentiert werden als etwas, das eben jetzt gerade passiert ist und das man allein deshalb zur Kenntnis nehmen müsse.

Ja, was man tun könnte, und zwar sollten es die Medien selber tun, das wäre eine Erziehung des Publikums zur Selektivität. Das ist aber ein langer pädagogischer Prozeß, und diese pädagogische Vermittlung wäre sicher etwas, was zunächst gar nicht gut – wie man so sagt – ankommen würde, das aber à-la-longue ungeheuer wichtig wäre, wie Lessing sagen würde, zur Erziehung des Menschengeschlechts. Wir alle bedürfen der Erziehung. Ich bedarf auch der Erziehung – wir sind alle Publikum.

Adorno hat die Frage gestellt: »Kann das Publikum wollen?« Da befaßt er sich auch mit dem Fernsehen unter diesem Aspekt, ob das Publikum eigentlich wollen könne. Wie denken Sie? Kann das Publikum wollen, oder macht das Medium ihm einfach alles vor?

Also, ich kenne leider den Text von Adorno nicht. Er hat sicher etwas viel Gescheiteres und ganz sicher etwas dialektisch interessanter Formuliertes gesagt, als ich es hier sagen könnte.

Kann das Publikum etwas wollen? Natürlich kann es etwas wollen. Aber es will, so glaube ich, da komme ich zurück auf das, was ich eben sagte, es will auf verschiedenen Schichten. Es will in oberster Schicht zunächst einmal sich nicht bemühen. In einer tieferen Schicht ist ein anderer Wunsch da, der aber eine Bemühung erfordert und zu dem es eben geführt werden muß, sich diesen tiefer liegenden Wunsch selber klarzumachen: Das Hörer- und Fernseher-Bewußtsein, denn die Medien sind jung, sogar der Funk muß erst noch entwickelt werden. Was ich in den allerletzten Jahren sehe, ist eine Gegenentwicklung, das heißt ein Eingehen nur auf die alleroberste Schicht, also auf die Leichtigkeitsschicht. Das ist mein Eindruck. Ich kann mich irren. Ich bin kein Medienfachmann.

Sind die Medien anspruchsloser geworden, als sie es früher waren, weil das Publikum anspruchsloser ist in der obersten Schicht?

In der obersten Schicht. Es ist in tieferen Schichten genauso anspruchsvoll, wie etwa die Arbeiter des 19. Jahrhunderts in tieferen Schichten anspruchsvoller waren, als sie es selbst wußten. Sie glaubten zunächst, die Klassenunterschiede seien gottgewollte Ordnung: So ist es eben, wir essen die Kohlsuppe, und der Fabrikant ißt den Fasan. So hat die heilige Ordnung es eingerichtet. Man mußte das Volk erst dazu führen, daß es sich sagt, warum sollten wir nicht auch einmal Fasan essen. Und man muß das Hörerpublikum und das Fernsehpublikum dazu führen, daß es, metaphorisch gesehen, intellektuell auch nach Fasan und Kaviar verlangt. Nicht nur nach Kartoffeln ...

Gegenterror des Ewigen

Terror der Aktualität auf der einen Seite, auf der anderen Gegenterror des Ewigen und Absoluten. Was meinen Sie damit, mit dem Gegenterror des Ewigen und Absoluten?

Ja, das ist nun ein wirklich authentischer ethischer Prozeß. Es gibt zwei Einschüchterungen des Menschen: Einschüchterung durch das Moderne bis Modische und Einschüchterung durch das Klassische. Und diese Einschüchterung durch das Klassische ist der Gegenterror des Absoluten. Es wäre ganz verkehrt, wenn wir sagen würden, diese zeitlichen Dinge und was von heute auf morgen geschieht, das ist ganz nebensächlich, wir konzentrieren uns auf die ewigen Werte. Wer ein bißchen Geschichte und Geistesgeschichte kennt, der weiß, daß die Manifestationen vielleicht wirklich ewiger Werte ständigen Wandlungen unterworfen sind und daß wir uns ja auch selbst mit ihnen wandeln. Terror des Ewigen würde heißen, daß ich das Publikum festnagele auf ganz bestimmte klassische Formen ästhetischer Verwirklichung: Groß ist eben nur das, was uns schon als Großes tradiert wurde. Groß ist Aischylos, groß ist Shakespeare, groß ist Goethe. Da ist es ganz gut, wenn einmal einer kommt und sagt, ja, wie ist das denn eigentlich mit der Größe Goethes und worin bestand eigentlich die Größe Shakespeares?

Wie ist es dann mit den jungen Philosophen? Muß man sie dann nicht doch vorstellen in den Medien, wenn man sich nicht nur auf das Große und Ewige und das Absolute einlassen will?

Aber selbstverständlich muß man sie vorstellen. Es wäre ein arges Mißverständnis, wenn herauskäme, daß ich meine, man solle sie nicht vorstellen. Aber man soll nicht rund um sie herum einen wahren Zirkus veranstalten, wie es in Frankreich geschehen ist, daß man eben immer wieder Herrn Glucksmann – gegen den ich gar nichts habe, er ist ein gelehrter junger Mann, er ist jetzt schon klug und wird wahrscheinlich mit den Jahren auch noch klüger werden – den Leuten präsentiert. Man darf nur die Proportionen nicht verlieren.

Das Problem, das ich habe, ist folgendes: Bringt man die jungen Philosophen im Fernsehen, dann übt das Fernsehen Terror aus. Hält sich das Fernsehen an die alten, bewährten, klassischen Berühmten, übt es Gegenterror aus. Also ist jeder, der Fernsehen macht, ein Terrorist. Wie kommt man raus aus diesem Zirkel?

Indem man versucht, aus eigener Erkenntnis und eigener Einsicht heraus ein Gleichgewicht zu schaffen. Das kann man.

Das hieße dann aber, und das wäre ein sehr hoher Anspruch, daß man nicht nur spiegelt, was sich ereignet, sondern selber mit diesem Medium eine Wirklichkeit schafft, die dann ausgewogen ist, die dann nach allen Seiten ...

Sie haben es viel besser formuliert, als ich es getan habe. Es handelt sich darum, Wirklichkeit zu schaffen beziehungsweise eine Wirklichkeit, die potentiell schon da ist, manifest werden zu lassen.

Abwechslung und Dauer

Wie ist es dann mit der Dauer? Das ist ja auch ein Problem der Medien, daß sie sich so schnell verflüchtigen, gerade durch den Druck der Aktualität der immer neuen Ereignisse, auch durch den Druck des immer wieder neuen Wunsches nach Abwechslung. Man kann denselben Film nicht endlos oft wiederholen. Wie verhält es sich da mit der Dauer? Interessiert es Sie zum Beispiel, ob Ihr Name und ob Ihre Arbeiten dauern werden? Auch in dem Teil, in dem Sie sich der Medien bedienen?

Nein, überhaupt nicht. Es interessiert mich überhaupt nicht, ob meine Arbeiten dauern werden. Was mich allenfalls interessiert ist, ob sie eine aktuelle Wirkung ausüben. Das interessiert mich, aber auch das nur in Maßen. Ich will nicht gerade sagen »sub specie aeternitatis«, aber auch unter den Auspizien eines einzigen Jahrhunderts hat der Begriff der Dauer schon wenig Sinn. Mit der Dauer ist es ein fast unlösbares Problem. Ich weiß selbst nicht, wie es darum bestellt ist, und es wäre jetzt wirklich ganz überheblich, wenn ich irgendeine Theorie entwerfen wollte. Ich kann mir nur selber Fragen stellen: Dauerten gewisse Dinge, weil der Schulbetrieb sie mitgeschleppt hat, oder dauerten sie, weil wirklich da etwas ist, was unüberschreitbar ist?

Ich neige fast eher zu der Meinung, daß diese Dauer, die ja auch längst ein paar Jahrhunderte alt ist, daß diese Dauer doch eher eine Frage des Schulbetriebs ist. Man entdeckt immer wieder Autoren, auch Hölderlin ist wieder entdeckt worden. Hätte nicht Norbert von Hellingrath[46] 1912 sein großes Hölderlin-Buch geschrieben und wäre derselbe Hellingrath nicht im Ersten Weltkrieg gefallen, wodurch um seine Person eine gewisse Aura entstand, weiß Gott, ob man nicht heute Geibel als den großen Dichter des 19. Jahrhunderts ansehen würde und von Hölderlin nichts wüßte. Wissen Sie, das ist alles ungeheuer verworren und häufig auch von Zufällen abhängig. Ich habe eine sehr, sehr große Angst, mir hier in einem solchen Gespräch irgendeine Theorie abzuzwängen.

Dauer muß ja auch nicht heißen, daß etwas unverändert weiter tradiert wird, immer wieder hervorgeholt und gewissermaßen im Original gelesen oder gesehen oder gehört wird, sondern Dauer kann ja auch heißen, daß etwas sich vermittelt in die weitere

Geistesgeschichte. Wenn ich etwa an Plato, Aristoteles oder andere denken, dann wird sie kaum jemand noch außerhalb des philosophischen oder universitären Ghettos im Original lesen, aber was entscheidend für die Dauer dieser Menschen oder dieser Werke ist, daß sie sich vermittelt haben in neue Denkprozesse, daß immer wieder Menschen sich darauf bezogen haben und daran ihre eigene Gedankenwelt oder ihr eigenes Bewußtsein entwickelt haben. Das würde ich auch als Dauer bezeichnen.

Das ist Dauer, wobei aber hier der Begriff der Dauer noch nichts mit Werten zu tun hat. Ich erinnere mich zum Beispiel einer Vorlesung von Schlick, wie er sagte: »Und heute, meine Herren, wollen wir von Demokrit sprechen, der unendlich viel wichtiger ist als Plato.« Bon, da war es nun. Hier wurde der Versuch unternommen, die Dauer Platos zu unterbrechen.

Vielleicht gilt auch hier, daß die Sieger die Geschichte schreiben.

Ja, das gilt.

Aber noch mal zurück zu Ihren eigenen Arbeiten. Wünschen Sie sich nicht doch, daß Ihr Beitrag zum Leben dieses Jahrhunderts, zur Wirklichkeit dieses Jahrhunderts, zur Wahrheit des Jahrhunderts in irgendeiner Form dauern wird?

Mir ist es ganz unmöglich, über meinen eigenen Tod hinauszudenken. »Après moi le déluge.« Nach mir die Sintflut. Ich halte meine Arbeiten nicht für wichtig genug, als daß ich mir wünschen könnte, daß sie dauern – und was heißt dauern? Wie lange? Es gibt bei Ibsen, ich weiß nicht mehr in welchem Drama, eine Stelle, an der es heißt, eine gutgebaute Wahrheit dauert 20 Jahre. So ist es doch, sofern sie nicht tradiert wird, sofern sich nicht der Schulbetrieb ihrer bemächtigt. Und der Schulbetrieb wiederum ist in vollem Umbruch, er tradiert gar nicht mehr, er tradiert ja auch Platon heute bereits nicht mehr. Also, was soll da Dauer sein?

Was wirklich von Dauer ist, das sind die großen statischen Werte, die Werte, nicht Persönlichkeiten, nicht Werke, sondern Werte, und zwar moralische Werte, nicht ästhetische. Moralische Werte, sage ich, ohne die die Menschheit nicht existieren kann. An denen halte ich fest: Freiheit, Wahrheit, Gerechtigkeit, Vernunft.

Das Kino und die »andere Wirklichkeit«

Als Schriftsteller sind Sie eigentlich ein Mann des Wortes, der Wörter. Auf der anderen Seite gehen Sie gern ins Kino. Sie kennen viele Filme, viele Schauspieler. Hat das etwas miteinander zu tun, oder ist das eine andere Dimension?

Für mich ist das Kino eine andere Welt. Ich will nicht sagen, eine Zauberwelt, ich möchte auch nicht sagen, daß es ein Eskapismus ist. Wenn ich ins Kino gehe, ist das für mich eine andere Wirklichkeit, die als andere Wirklichkeit auch durch die Tatsache bedingt ist, daß ich mein Haus verlassen muß, mich in einem abgeschlossenen Raum befinde und vor allem dadurch, daß die Wand groß ist. Das ist ein gewaltiger Unterschied für mich gegenüber dem Fernsehen.

Ich stelle mich im Film, ich bin ein Freund des Stummfilms, dann auf eine Sprache ein, die nicht mehr Logos ist, sondern unmittelbare Expression, Ausdruck des Menschen durch seine physische Präsenz. Darum auch meine Leidenschaft für die Großaufnahme einerseits, aber andererseits für weite, weite Räume. Da ist sozusagen ein ungeheurer Raum, namentlich im Western. Ich mag Westernfilme besonders gern, da ungeheure Räume hineingezaubert werden in ein verhältnismäßig kleines Kino, das allerdings wiederum viel größer ist als der winzige, auch beim großen Gerät noch winzige Fernsehschirm.

Noch mal zurück zum Grundsätzlichen: Es ist nicht mehr Logos, sondern physischer Ausdruck, und ich erlerne dort neue Sprachen, Ausdruckssprachen, die Sprache des Gesichts, viel mehr, als ich es je in der Wirklichkeit lernen könnte. Man kann ja einen Menschen gar nicht so ansehen, das ist in der Praxis unmöglich, daß man ihn so genau ansieht. Das wäre fast indiskret und ungehörig, wie man ihn im Film ansehen kann. Ich lerne verschiedene Gestensprachen, wobei es für mich immer hochinteressant ist zu sehen, wie sehr sich die Gestensprachen ändern. Wenn ich zum Beispiel einen Film aus den zwanziger Jahren sehe, hat sich nicht nur die Technik geändert, ja, unendlich viel verfeinert; es hat sich auch die Gestensprache geändert. Eine Handbewegung, eine bestimmte Handbewegung 1920 konnte noch etwas bedeuten, ein Augenaufschlag 1920 konnte noch etwas bedeuten, konnte noch »Natur« sein. Heute bedeutet er nichts mehr beziehungsweise ist nicht mehr Natur oder allenfalls noch historisch interessant.

Entscheidend ist also, daß Sie sich der Sprache der Bilder aussetzen. Was Sie über die Sprache des Gesichts gesagt haben, ist eine unmittelbar die Emotion, das Gefühl ansprechende Sprache der Bilder, und darin läge doch eine ungeheure Ausweitung unserer Ausdrucksmöglichkeiten, wenn wir eben nicht nur mit der rationalen Sprache der Wörter leben, sondern wenn wir auch wieder lernen würden, die Sprache der Geste, die Sprache des Gesichts, die Sprache der Bilder zu entschlüsseln und zu verstehen.

Ja, ich bin ständig im Begriff, das zu lernen, und ich finde, das ist eine notwendige Ergänzung. Den Vorrang aber hat für mich, der ich ein sehr verbaler Mensch bin, doch immer wieder der Logos, im Sinne von Wort wie im Sinne von Vernunft. Aber es ist eine notwendige Ergänzung, daß ich nun auch diese unmittelbare Ausdruckssprache kennenlerne, und vor allem, daß mir die menschliche Physis näher kommt, ja, nicht nur näher als im Gespräch, sondern, ich würde fast sagen, spürbar näher an meine eigene Physis, viel enger heranrückend als das Wort, mich quasi bedrängend, aber auch erlösend, auch zärtlich, auch streichelnd, wenn Sie so wollen.

Der Literat und die Bilder

Dann haben Sie von sich als dem gesprochen, der sieht, der rezipiert. Könnten Sie sich auch vorstellen, daß Sie sich selbst ausdrücken würden in der Sprache der Bilder? Könnten Sie sich vorstellen, daß Sie selbst ein Filmdrehbuch schreiben oder selbst die Regie übernehmen? Das gibt es ja in der neueren Literatur, wenn ich an Peter Handke denke, eine Annäherung an das Medium Film, eine Annäherung des Literaten an die Sprache der Bilder.

Doch, das glaube ich schon. Wenn ich jünger wäre und noch die Zeit hätte, das Technische daran zu erlernen – ich meine jetzt nicht das Technische von Kameraführung, so etwas könnte ich nie erlernen –, aber einfach das Technische einer Drehbuchkonzeption, wenn ich Zeit hätte, das zu erlernen, würde ich es sehr gern tun. Es würde mir ganz bestimmt auch

Freude machen. Ich kann mir gut vorstellen, gewisse eigene Arbeiten eventuell, sofern ich die Zeit hätte, das zu erlernen, auch zu verfilmen.

Können Sie sich erklären, worin die schlechte Sprache des Fernsehens ihren Grund hat? Das Fernsehen hat, ich glaube, das gilt nicht nur für die Bundesrepublik, den Umgang mit der Sprache verhunzt, ohne auf der anderen Seite die Evidenz der Bilder voll zur Geltung zu bringen. Ist das eigentlich nur eine Schlamperei oder gibt es da tiefere Gründe?

Nein, das ist sicher nicht nur Schlamperei. Das ist einfach so. Das ist fast so, wie wenn Tante Amalie zum Dorffotografen geht und sich unnatürlich hinstellt. Es ist einfach so, daß, wer nicht gewöhnt ist, vor der Kamera zu agieren, völlig befangen ist und nicht mehr er selber ist, also genau das Gegenteil dessen ist, was Kleist in seinem herrlichen »Marionetten-Aufsatz« über Grazie und Anmut schreibt, wozu das vollkommen Unbefangene, das Unbewußte gehört. Wenn Sie irgendeinen Politiker vor die Kamera stellen, dann macht er ein Gesicht, von dem er glaubt, daß es besonders stark wirkt, was übrigens gar nicht der Fall ist, und tut dabei noch ein zusätzliches Übel, indem er durch seine Art des befangenen Agierens noch dem Wort, was er ausspricht, etwas wegnimmt an Informationswert, also den Zuschauer hinlenkt auf sein optisch ohnehin defizientes, weil befangenes Verhalten. Der Zuschauer sieht dann, wie er sich die Krawatte zurechtrückt oder was er für Stirnfalten macht.

Übrigens ist das genau das, was in der Erinnerung bleibt. Man weiß aus Untersuchungen, daß die rationalen Übermittlungen der normalen Vergessenskurve anheimfallen, daß aber die emotionalen Eindrücke, die das Fernsehen oder der Film übermitteln, also der Ausdruck eines Gesichts, die Ausstrahlung einer Person, daß das lange, eigentlich immer im Rezipienten erhalten bleibt. Darin liegt, glaube ich, auch ein Moment für die politische Wirkung des Fernsehens, daß emotionale Eindrücke stärker sind als das Rationale.

Die Frage ist also, wie die emotionale Wirkung der Bildsprache politisch eingesetzt werden kann, über den Film oder über das Fernsehen, das ist in diesem Fall egal, ob groß oder klein, ob im Kino oder in der Wohnstube. Vielleicht kann hier auch eine neue emotionale Kultur wachsen, wenn die Medien älter werden und wir aufhören, Analphabeten in der Mediensprache zu sein. Dann könnte es ganz neue Kommunikationsformen über diese Schiene der emotionalen Vermittlung durch Bilder geben.

Das glaube ich auch. Das ist sicher ein langer Lern- und ein langer Lehrprozeß. Die Medien-Beherrscher will ich gar nicht sagen, die Medien-Vermittler müssen lernen, das Publikum muß lernen. Ich glaube, daß das möglich ist, aber ich glaube, daß wir gerade im Fernsehen noch lange nicht so weit sind. Wenn ich zum Beispiel Bilder von Kriegsereignissen sehe, dann ist das für mich immer wieder dasselbe. Das hat weder einen informativen Inhalt noch eine emotionelle Bedeutung, das schleift sich vollkommen ab. Man sieht immer wieder dasselbe, einen brennenden Tank, ein in die Kamera hereinlaufendes weinendes Kind. Das kann ausgetauscht werden, das kann in Indochina passiert sein, das kann irgendwo in Äthiopien passiert sein, das nimmt der Fernseher, glaube ich, gar nicht wahr. Ich glaube, daß seitens der Fernsehgestalter noch sehr, sehr viel gelernt werden müßte, ehe sie in der Lage sind, das Publikum zu einem neuen Schauen zu erziehen.

Glauben Sie, daß sich die Kultur in 100 oder 200 Jahren stark verändert haben wird durch die Medien?

Ganz bestimmt. Das ist ja schon jetzt der Fall. Nur, so mein Eindruck, hat es sich nicht zum Besseren verändert. Die Zeit läuft wahnsinnig schnell, also nicht in 100 Jahren, vielleicht schon in 30 Jahren. Ich glaube, daß zum Beispiel das Fernsehen sich noch nicht selbst gefunden hat.

Anhang

Anmerkungen zum Gespräch

1 Engelbert Dollfuß (1892–1934), christlich-sozialer Politiker in Österreich. Von 1932 bis zu seiner Ermordung durch Nationalsozialisten (1934) österreichischer Bundeskanzler, wandelte er die parlamentarische Republik in ein autoritäres Regierungssystem um, richtete Internierungslager für politische Gegner ein, schlug im Februar 1934 den sozialdemokratischen Aufstand nieder und verbot alle Parteien.

2 Giacomo Matteotti (1885–1924), sozialistischer Politiker in Italien, Gegner Mussolinis, von Faschisten entführt und ermordet.

3 Ernst Rüdiger Fürst von Starhemberg (1899–1956), österreichischer Politiker, beteiligte sich 1923 am Hitler-Putsch, unterstützte 1932 Bundeskanzler Dollfuß (vgl. Anm. 1) bei der Errichtung eines autoritären Ständestaates und richtete sich stark am italienischen Faschismus aus.

4 Sigmund Freud (1856–1939), österreichischer Nervenarzt, Begründer der Psychoanalyse als psychotherapeutisches Verfahren und als Erklärungsmodell für das menschliche Seelenleben.

5 Maximilien de Robespierre (1758–1794), ab Juli 1793 der führende Kopf des Wohlfahrtsausschusses und damit der »Französischen Revolution«, ab April 1794 faktisch Diktator, erstrebte er eigentlich eine radikale Demokratisierung, stützte sich dann jedoch auf Terror und Gewalt und wurde hingerichtet.

6 Emilio Filippo Tommaso Marinetti (1876–1944), Begründer des literarischen Futurismus, suchte die Loslösung von traditionellen Sprachbindungen und die Entwicklung einer technischen Sprache und Syntax. Marinetti wurde von Mussolini gefördert und hatte öffentliche Ämter im faschistischen Italien inne.

7 Jean Paul Sartre (1905–1980), französischer Schriftsteller und Philosoph, entwickelte eine Existenzphilosophie, die den Begriff der Freiheit zum Grundthema des Denkens und Handelns macht und Verantwortung und Engagement im politischen Handeln als Konsequenz geistiger Selbstverwirklichung auffaßt.

8 Ernst Topitsch, geb. 1919, österreichischer Sozialphilosoph, gehört zum Wiener Kreis der Neopositivisten (vgl. Anm. 36 und 37).

9 Jürgen Habermas, geb. 1929, Soziologe und Philosoph, hervorgegangen aus der von Max Horkheimer und Theodor W. Adorno begründeten »Frankfurter Schule«. Seine kritische Theorie der Gesellschaft wurde immer wieder zum Anstoß für die Diskussion zentraler Fragen der Nachkriegsgesellschaft (demokratische Reformen) und ebenso zentraler Fragen der wissenschaftlichen Forschung (Erkenntnis und Interesse, Theorie der Kommunikation, Aufklärung, Sprache, Kritik an der neokonservativen Geschichtsauffassung).

10 Theodor W. Adorno (1903–1969), Philosph, Soziologe und Musikwissenschaftler. Neben Max Horkheimer ist Adorno Hauptvertreter einer kritischen Theorie der Gesellschaft. Für ihn sind persönliche Freiheit, Glück und Bildung an Aufklärung und Vernunft gebunden. Adorno kämpfte gegen anti-aufklärerische und autoritäre Manipulation des Menschen durch Herrschaftsideologien.

11 Johan Galtung, geb. 1930, norwegischer Soziologe, Friedens- und Konfliktforscher, beschreibt die von einem Herrschaftssystem ausgehenden Zwänge für das Individuum als »strukturelle Gewalt«.

12 Alfred Dreyfus (1853–1935), französischer Artillerieoffizier jüdischer Abstammung, der mit gefälschten Unterlagen und ungesetzlichem Gerichtsverfahren 1894 wegen Landesverrats zugunsten des Deutschen Reiches zu lebenslänglicher Deportation auf die Teufelsinsel verurteilt und erst 1906 rehabilitiert wurde. Die Dreyfus-Affäre wurde zum Symbol des Kampfes zwischen der militaristisch, klerikal

und antisemitisch eingestellten politischen Rechten und der republikanisch, demokratisch und laizistisch orientierten politischen Linken in Frankreich – ein Streit, der in den Jahren 1899 bis 1909 zur Trennung von Kirche und Staat in Frankreich führte.

13 Gemeint ist die 1898 in Paris gegründete »Liga für die Verteidigung der Menschen- und Bürgerrechte« zur Revision des Dreyfus-Prozesses.

14 J'accuse. Ich klage an. Zitat aus einem Brief, den Emile Zola an den Präsidenten der Französischen Republik schrieb (zuerst erschienen in der Zeitung »L'Aurore« vom 13. Januar 1898). Zola setzt sich in diesem offenen Brief massiv für den fälschlich angeklagten Alfred Dreyfus ein. (Vgl. Anm. 12 und 13)

15 Der Begriff Kollaboration (Zusammenarbeit) wird in Frankreich zuerst in den Verhandlungen zwischen Hitler und Pétain (1940) verwendet und war ursprünglich wertneutral gemeint, gewann bald jedoch den Sinn eines Zusammenspiels mit dem Gegner und eines Verstoßes gegen die elementaren Interessen des eigenen Landes. Die Beschuldigung der Kollaboration spielte nach Ende des Krieges eine bestimmende Rolle in der Aufarbeitung der jüngsten Geschichte in Frankreich.

16 Gemeint ist Hans Filbinger, 1966 bis 1978 Ministerpräsident von Baden-Württemberg. Filbinger mußte von seinem Amt zurücktreten, nachdem seine Mitwirkung als Marinerichter an Todesurteilen bekannt geworden war.

17 »Hitler – eine Karriere« von Joachim Fest. Fest, geb. 1926, Publizist, 1963–1968 Chefredakteur beim NDR Hamburg, seit 1973 Mitherausgeber der »Frankfurter Allgemeinen Zeitung«.

18 Watergate-Affäre. Die Journalisten Carl Bernstein und Bob Woodward von der »Washington Post« deckten den sogenannten Watergate-Skandal auf: den Einbruch und die Anbringung von Abhörgeräten im Büro des demokratischen Präsidentschaftskandidaten. Präsident Richard Nixon

mußte in der Folge zurücktreten, um einer Amtsenthebung (Impeachment) zuvorzukommen.

19 Arthur Schopenhauer (1788–1860), Philosoph auf dem Höhepunkt des deutsche Idealismus. Er deutete die gesamte Welt als Wille und Vorstellung des Subjekts und wurde zu einem Hauptvertreter des philosophischen Pessimismus.

20 Oswald Spengler (1880–1936), Geschichtsphilosoph, dessen Hauptwerk »Der Untergang des Abendlandes« eine Kulturzyklentheorie vertritt, wonach alle Kulturen in bestimmten Zyklen erscheinen und vergehen.

21 Marcel Proust (1871–1922), französischer Schriftsteller. Sein Roman »Auf der Suche nach der verlorenen Zeit« ist der Beginn des modernen Romans in Frankreich – vergleichbar den in etwa gleichzeitig entstandenen Werken »Ulysses« von James Joyce und »Der Mann ohne Eigenschaften« von Robert Musil.

22 Thomas Bernhard (1931–1989), österreichischer Schriftsteller von großem Einfluß auf die österreichische Literatur und Politik.

23 Kulturpolitische Wochenzeitschrift, unter dem Titel »Weltbühne« seit 1918. Seit 1927 von Carl von Ossietzky geleitet (Mitarbeit von Rudolf Arnheim), 1933 in Prag, seit 1946 wieder in Berlin von Maud von Ossietzky weitergeführt.

24 Rolf Hochhuth, geb. 1931, Schriftsteller und politischer Publizist, schrieb vor allem zeitgeschichtliche Dramen wie »Der Stellvertreter«, »Soldaten«, »Unbefleckte Empfängnis – Ein Kreidekreis« und »Wessis in Weimar«.

25 Blaise Pascal (1623–1662), französischer Mathematiker und Religionsphilosoph. Seine »Logik des Herzens« sucht zwischen Glaube und Vernunft zu vermitteln. Pascals Einfluß reicht bis zu Nietzsche, zum Existentialismus Kierkegaards und zu den französischen Existentialisten.

26 Marilyn Monroe, eigentlich Norma Jean Mortenson (1926–1962), amerikanische Filmschauspielerin (zum Beispiel »Blondinen bevorzugt« 1953, »Manche mögens heiß« 1959). Jean Améry war von ihr fasziniert und schrieb über ihre Filme.

27 Gerhart Hauptmann (1862–1942), deutscher Dichter. Er erhielt 1912 den Nobelpreis für Literatur. Hauptmann schildert in seinen Dramen die sinnliche Welterfahrung des Menschen und sein triebgesteuertes Wesen und entwickelt zugleich eine Ethik des humanen und sozialen Mitleidens, zum Beispiel in »Die Weber«.

28 Republikanischer Schutzbund, sozialdemokratischer Wehrverband in der ersten österreichischen Republik, gegründet 1924, wurde 1933 von der Regierung Dollfuß verboten, existierte illegal weiter und trug den sozialdemokratischen Aufstand im Februar 1934.

29 Tortur, Folter. Gezielt verursachte seelische und körperliche Schmerzen, um Geständnisse, Informationen und Meinungsänderungen zu erzwingen. Kommt weltweit seit Anfang der Menschheitsgeschichte bis heute vor. Jean Améry wurde von der SS gefoltert und schreibt darüber in »Jenseits von Schuld und Sühne«.

30 André Gide (1869–1951), französischer Schriftsteller. Nobelpreis für Literatur 1947. Seine zentralen Themen: Selbstbestimmung, Freiheit, Würde.

31 Paul Anton de Lagarde (1827–1891), deutscher Kulturphilosoph und Orientalist, dessen Nationalismus und Antijudaismus unter anderem von den Nationalsozialisten aufgegriffen wurden.

32 August Julius Langbehn, genannt der Rembrandtdeutsche (1851–1907), deutscher Schriftsteller. Er schrieb 1890 »Rembrandt als Erzieher« (anonym erschienen). Das Buch erreichte bis 1936 85 Auflagen. Seine Polemik gegen Materialismus, Halbbildung und Industrialisierung hatte großen Einfluß unter anderem auf die Jugendbewegung und die Heimatkunstbewegung.

33 Hans Blüher (1888–1955), deutscher Philosoph und Schriftsteller. Seine an Nietzsche orientierte Lebensphilosophie beeinflußte besonders die Wandervogelbewegung, deren homoerotische Komponenten er beschrieb und analysierte.

34 Erwin Guido Kolbenheyer (1878–1962), deutscher Schriftsteller, vertrat einen »biologischen Naturalismus«.

35 Menachem Begin (1913–1992), rechtsgerichteter israelischer Politiker. 1977–1983 Ministerpräsident von Israel. Durch den Friedensvertrag mit Ägypten konnte er die Umzingelung Israels durch feindselige arabische Staaten durchbrechen. Begin erhielt 1977, zusammen mit dem ägyptischen Präsidenten Sadat, den Friedensnobelpreis.

36 Wiener Positivisten, der philosophische Kreis um M. Schlick, O. Neurath, R. Carnap und H. Reichenbach, der einen rationalen Empirismus und die Logistik zu einer Wissenschaftstheorie verknüpfte. (Vgl. Anm. 37)

37 Moritz Schlick (1882–1936), Begründer des Wiener Kreises der Neopositivisten (vgl. Anm. 36) und Vertreter eines empirischen Realismus. 1936 ermordet.

38 Albert Camus (1913–1960), französischer Schriftsteller (Nobelpreis für Literatur 1957). Seine existentialistische Philosophie führte zu Essays, Romanen und Dramen, in denen er die Absurdität der menschlichen Existenz und die Revolte dagegen darstellt.

39 Maurice Merleau-Ponty (1908–1961), französischer Philosoph, mit Sartre und Camus einer der wichtigsten Vertreter des französischen Existentialismus.

40 Martin Heidegger (1889–1976), deutscher Philosoph (»Sein und Zeit«). Seine enorme Bedeutung als Philosoph wird überschattet von Kompromissen mit der nationalsozialistischen Ideologie (unter anderem in seiner Rede zum Amtsantritt als Rektor der Freiburger Universität, 1933) und vom Verhalten gegenüber seinem Lehrer Edmund Husserl.

41 Strukturalismus, eine interdisziplinäre Denkrichtung, die formale Beziehungssysteme, ohne Bindung an Inhalte, aufzuweisen sucht. Ursprünglich in der Sprachwissenschaft entwickelt, weitete der französische Philosoph C. Lévi-Strauss den Strukturalismus auf alle Gebiete des Denkens aus.

42 Emma Bovary, Titelheldin in Gustave Flauberts Roman »Madame Bovary« (1857). Jean Améry schrieb in Korrespondenz dazu den Essay »Charles Bovary, Landarzt«.

43 Jakob Wassermann (1873–1934), deutscher Schriftsteller.

44 Marshall McLuhan, amerikanischer Medienkritiker (»Das Medium ist die Botschaft«).

45 Hans Albert, geb. 1921, deutscher Soziologe und Philosoph, vertritt einen von Karl Popper ausgehenden kritischen Rationalismus.

46 Norbert von Hellingrath (1888–1916), Literaturhistoriker und Hölderlin-Forscher. Sein Hölderlin-Buch führte zu einer Neubewertung des fast vergessenen Dichters Hölderlin.

Jean Améry: Biographische Notiz

1912	in Wien geboren in Wien Studium der Literatur und Philosophie
1938	Emigration nach Belgien. Teilnahme an der Widerstandsbewegung
1943	Verhaftung, zwei Jahre KZ-Haft, seit 1945 in Brüssel als freier Schriftsteller
1966	»Jenseits von Schuld und Sühne. Bewältigungsversuch eines Überwältigten«
1968	»Über das Altern. Revolte und Resignation«
1970	Deutscher Kritikerpreis für Literatur
1971	»Widersprüche«
1971	»Unmeisterliche Wanderjahre«
1972	Literaturpreis der Bayerischen Akademie der Schönen Künste
1974	»Lefeu oder der Abbruch«. Roman-Essay
1976	»Hand an sich legen. Diskurs über den Freitod«
1977	Lessing-Preis der Freien und Hansestadt Hamburg
1977	Neuausgabe von »Jenseits von Schuld und Sühne. Bewältigungsversuch eines Überwältigten«
1978	Freitod in Salzburg

Jean Améry: Seine Bücher

Bücher aus der Jugend unseres Jahrhunderts. Vorw. v. Lindemann, Gisela. 1981.

Charles Bovary, Landarzt. Porträt eines einfachen Mannes. 2. Aufl. 1978.

Hand an sich legen. Diskurs über den Freitod. 5. Aufl. 1991.

Der integrale Humanismus. Zwischen Philosophie und Literatur. Aufsätze und Kritiken eines Lesers 1966–1978. Hrsg. u. Nachw. v. Heissenbüttel, Helmut. 1985.

Jenseits von Schuld und Sühne. Bewältigungsversuche eines Überwältigten. 2. Aufl. 1980.

Lefeu oder Der Abbruch. Roman-Essay. 1974.

Örtlichkeiten. Nachw. v. Franke, Manfred. 1980.

Rendezwous in Oudenaarde. Projekt einer Novelle. Nachw. v. Grinten, Franz J. van der. 5. sign. Orig.-Gravuren v. Schoofs, Rudolf. 1982.

Über das Altern. Revolte und Resignation. 5. Aufl. 1979.

Unmeisterliche Wanderjahre. Aufsätze. 1985.

Weiterleben – aber wie? Essays 1968–1978. Hrsg. u. Nachw. v. Lindemann, Gisela. 1982.

Widersprüche. 1990.

Über die Reihe »Zeugen des Jahrhunderts«

Die Sendereihe »Zeugen des Jahrhunderts«, 1978 von Dieter Stolte und Karl Schnelting ins ZDF-Programm gebracht, stellt Persönlichkeiten vor, deren Lebensgeschichte zugleich Zeitgeschichte ist. Zeugen des Geschehenen: Frauen und Männer unterschiedlicher Herkunft, unterschiedlicher Berufe und unterschiedlicher Ansichten und Überzeugungen, denen eines gemeinsam ist: ihre Ausdrucksfähigkeit in der deutschen Sprache und die Kraft, reflektierte Erfahrungen und Erinnerungen mitzuteilen.

Mit den Gesprächsaufzeichnungen entstanden Bilder des Lebens – voller Tragik oft, aber auch voller Komik. Und immer voller Weisheit. Sehr persönlich erlebt und geschildert, sind die Gespräche doch zu Dokumenten geworden, die das 20. Jahrhundert mit seinen Errungenschaften, aber auch mit seinen Katastrophen, seinen Kriegen und seinen Verbrechen spiegeln.

Viele Zuschauer der Fernsehsendungen wünschen sich eine gedruckte Fassung der Gespräche, und zwar in Verbindung mit weiterführenden Informationen zu Leben und Werk der Zeugen. So entstand der Plan, über einzelne Zeugen eine Buchveröffentlichung herauszubringen, in der das aufgezeichnete Gespräch ein wesentlicher Teil des Buches ist, die Gesamtpublikation jedoch über den bloßen Abdruck des Gesprächsverlaufs hinausgeht. Herausgeber und Redaktion haben es übernommen, jeweils einen »Zeugen des Jahrhunderts« so vorzustellen, daß jüngere Leser Erläuterungen zu Leben, Werk und Umfeld vorfinden und älteren Lesern Erinnerung und Vergewisserung ermöglicht wird.

Die Gesprächsmitschnitte für den Druck zu überarbeiten, ließ sich vor allem von dem Grundsatz leiten, die charakteristischen Eigenarten des Gesprächs, seinen Stil und die Atmosphäre der Diktion zu erhalten. Lediglich die inhaltliche und sprachliche Redundanz des frei gesprochenen Wortes wurde gestrafft, um dem Leser ein zügiges und angenehmes Verfolgen der Erzählung möglich zu machen. Gleichwohl ist auch der gedruckten Fassung eines Gesprächs vor der Fernsehkamera anzumerken, daß es sich um mündliche Kommunikation handelte. Der Zeuge hat weder eine Monographie verfaßt, noch Memoiren geschrieben, sondern sich darauf eingelassen, sich des Mediums Fernsehen zu bedienen. Ein solches Gespräch steht gewissermaßen unter dem Zeichen des »Hier und jetzt im Fernsehen«. Das bedeutet unter anderem, daß Gedanken und Fragen dem ungeplanten Fluß des Gespräches folgen, manche systematisch oder geschichtlich »fällige« Frage nicht oder erst in einem anderen Zusammenhang gestellt wird, mancher Gedanke nur in dieser Situation so und nicht anders geäußert wird. In den Glücksmomenten solcher Gespräche findet der Zeuge aus dem Augenblick im Fernsehlicht eine Erinnerung, eine Perspektive oder eine Formulierung, eine neue Einsicht in die Zusammenhänge oder ein vergessenes Gefühl für sich selbst und die Zuschauer zurück.

Daß für nicht wenige der Zeugen die freie Rede vor der Fernsehkamera ungewohnt war, wirkte sich im allgemeinen als Vorteil aus, da nicht die sonst oft übliche Medienroutine die Ursprünglichkeit der Rede verdarb.

Somit sind die Konzeption der Fernsehreihe und die Modalitäten der Aufzeichnung konstitutiv auch für die Buchreihe. Daß das gesamte Projekt »Zeugen des Jahrhunderts« für das Fernsehen der neunziger Jahre atypisch genannt werden muß – auch dies mag für das beständigere Medium Buch eher ein Vorteil sein.

Die Gespräche der Reihe sind keine schnellen Interviews mit vorformulierten Fragen und gestanzten Antworten, zum alsbaldigen Verbrauch bestimmt. Die Zeugen werden also nicht von einem »Talkmaster« vorgeführt und zur Schau gestellt; die egozentrische Selbstdarstellung des Interviewers ist ebenso störend wie die effekt- und beifallheischende Produktion von Bonmots und Kalauern.

Vielmehr lassen sich die Gesprächspartner aufeinander und auf die Möglichkeit eines zeitlich kaum beschränkten Gedankenaustausches ein. Das Ideal ist nicht das journalistisch konfrontative Interview, sondern der integrative, nachdenkliche und sympathetisch geführte Diskurs. Die wechselseitige Achtung, ja Sympathie, die geistige Wahlverwandtschaft der Gesprächspartner ist erwünscht, weil erst ein Klima des Verstehens jene Gesprächskultur ermöglicht, die hier angestrebt wird.

Die Gespräche fanden nicht in einem Fernsehstudio statt, sondern in einem Raum, der für die private oder berufliche Existenz des Zeugen kennzeichnend ist.

Auf die Aussagekraft dieser Bilder vom »Ambiente« des Zeugen muß ein Buch ebenso verzichten wie auf die Aussagekraft des Gesichtes mit seiner Mimik und seiner Geschichte. Es wäre jedoch ein Mißverständnis, wollte man ein Gespräch im Fernsehen als »bebilderten Hörfunk« auffassen. Die Sprache der Bilder fügt dem gesprochenen Wort nicht nur etwas Entscheidendes hinzu, es verändert auch die Art des Sprechens. Wer sich darauf verlassen kann, daß auch der Ausdruck des Gesichts und die Körpersprache wahrgenommen werden, formuliert anders, als wenn er sich nur auf seine Stimme und die Wörter stützen kann. Dies darf bei der Lektüre der vorgelegten Buchausgaben von »Zeugen des Jahrhunderts« nicht vergessen werden.

Die Fernsehaufzeichnungen umfassen jeweils mehr Material, als in die einzelne Fernsehsendung aufgenommen werden kann. Die zumeist auf 60 Minuten begrenzte Sendung folgt eigenen dramaturgischen Gesetzen. Die Buchausgabe stützt sich deshalb nicht auf die Sendung, sondern auf die Aufzeichnung, also auf das Gesamtmaterial des »elektronischen Archivs«, das im ZDF angelegt wurde und für eventuelle weitere Sendungen verfügbar bleibt.

Ingo Hermann

Zeugen des Jahrhunderts

Friedrich Luft: Die Stimme der Kritik
Gespräch mit Hans Christoph Knebusch
in der Reihe »Zeugen des Jahrhunderts«
herausgegeben von Ingo Hermann, Redaktion: Jürgen Voigt
14,00 DM

»Luft ist mein Name. Friedrich Luft. Ich bin 1,86 groß, dunkelblond, wiege 122 Pfund, habe Deutsch, Englisch, Geschichte und Kunst studiert, bin geboren im Jahr 1911, bin theaterbesessen und kinofreudig und beziehe die Lebensmittel der Stufe II. Zu allem trage ich den letzten Anzug, den ich aus dem Krieg gerettet habe, eine Hornbrille auf der Nase.«

So stellte er sich am 7. Februar 1946 seinen Zuhörerinnen und Zuhörern am Rundfunkgerät vor. Die »Stimme der Kritik« meldete sich fortan wöchentlich, »gleiche Stelle, gleiche Welle«, im RIAS, über 40 Jahre lang. In einem unnachahmlichen Stil. Luft wurde zu einer Institution, zum bekanntesten deutschen Theaterkritiker. Er pflegte noch zu Zeiten des »Kalten Krieges« Kontakte zu Bertolt Brecht, als dessen Bühne im »Osten« von anderen längst boykottiert wurde. Und er wußte zu begeistern. »Seinen Verrissen und Hymnen hörten Menschen zu, die sich nicht die Bohne für das Schiller-Theater, die Freie Volksbühne oder das Hebbel-Theater interessierten.« (Frankfurter Allgemeine)

Hans Christoph Knebusch hat ihn erlebt: »Friedrich Luft konnte sich über einen gelungenen Theaterabend herzlich freuen, bei professionellen Theaterkritikern eine eher seltene Gabe. So folgte einer sorgfältigen Analyse plötzlich der populäre Satz: ›Ich habe mich, liebe Hörer, in meinem Parkettsessel amüsiert wie Bolle auf dem Milchwagen.‹ – Ich auch, wenn ich Friedrich Luft zuhören konnte, technisch vermittelt und verstärkt über den Sender oder in persönlichen Gesprächen, von denen ich heute weiß, daß sie zu selten waren ...«

»Eine höchst anerkennenswerte Neuerscheinung!« (Volker Oesterreich in: Berliner Morgenpost)